Iverna Tompkins

GOTT UND ICH

Iverna Tompkins

Gott und ich

Ein Buch über Glaube und Gebet

teamwork

Verlag, Musik + Handel GmbH

Titel der amerikanischen Originalausgabe:
GOD & I
Answers to all the Questions you've ever asked about prayer

by teamwork
Verlag, Musik+Handel GmbH
Industriestraße 10
61191 Rosbach-Rodheim
Telefon (0 60 07) 91 91 20
Telefax (0 60 07) 91 91 70
www.teamwork17-12.de
E-Mail: info@teamwork17-12.de

ISBN 3-9807415-2-4

Übersetzung: Elke Bundscherer
Umschlaggestaltung: Creativ.Werbe.Design.Bonnert
Gesamtherstellung: Schönbach-Druck GmbH, 64390 Erzhausen

Meinem Bruder Judson,
dessen Beispiel und Ermutigung mir halfen,
das Vorrecht und die Macht des Gebets
kennen zu lernen

INHALTSANGABE

VORWORT

Noch ein Buch über Gebet? Gibt es nicht schon davon genug? Was ist so besonderes an diesem Buch?

Es ist gelebtes Leben. Es ist Speise zum Leben. Alles, was Iverna Tompkins in diesem Buch schreibt, hat sie durchlebt, durchlitten und erprobt. Wer sie in ihrem weltweiten Dienst persönlich erlebt hat, weiß, dass es wahr ist. Iverna Tompkins wird schon Jahrzehnte von Gott gebraucht, aufzurütteln, aufzuwecken und uns wie in einem Spiegel unsere eigene Lebenssituation zu zeigen. Sie nimmt uns auf eine Reise zu neuen geistlichen Höhen mit.

Mich selbst verbindet mit ihr eine mehr als fünfzehnjährige Freundschaft, die Korrektur, Charaktertraining und dadurch geistliches Wachstum in mein Leben gebracht hat.

Eine Szene fällt mir dazu ein, als wäre sie gestern geschehen. Iverna hatte zu einem Dienst in unserer Stadt für das kommende Jahr zugesagt. In meiner Gebetszeit sprach Gott zu mir: „Du wirst sie übersetzen." „Unmöglich, das ist unmöglich", war meine erschrockene Antwort, „mein Englisch ist sehr schlecht, und überhaupt ist sie fast nicht zu übersetzen. Nicht einmal der Übersetzer auf der letzten Konferenz konnte ihr richtig folgen. Gott, das ist unmöglich für mich!" Gott sprach weiter zu mir: „Schreib ihr und sage ihr, was ich dir gezeigt habe." Voller Spannung erwartete ich ihre Antwort. Ich war mir so sicher, dass sie mein Angebot lächelnd ablehnen würde. Statt dessen schrieb sie: „Wenn Gott das gesagt hat, dann liegt es nun an dir, dich darauf vorzubereiten. Du hast neun Monate Zeit. Es ist deine Verantwortung, ob das „Kind" lebendig oder tot zu Welt kommt. Bereite dich darauf vor. Geh zu Gott, und Er wird all deinen Mangel ausfüllen. Vertraue Ihm jeden Tag. Ich freue mich darauf, wenn du mich übersetzen wirst.“ Das traf mich mitten ins Herz. Ich fiel auf mein Angesicht und bat Gott, mir alles zu geben, was dazu notwendig war. Ich war überzeugt: Gott und ich, wir würden es schaffen. Und wir haben es geschafft. Ich übersetzte sie und es ging wunderbar.

Nach dem Sprechen flüsterte Iverna mir ins Ohr: „Na, siehst du, das Kind lebt. Gott hat begonnen, dich zu testen und auf den Dienst für Ihn vorzubereiten.“ Dasselbe wünsche ich mir heute für jeden Leser.

Das Buch „Gott und ich“ will zu einer neuen geistlichen Lebensqualität verhelfen, indem es uns einen Weg zeigt, wie wir eine enge Beziehung zu Gott herstellen und vertiefen können. Wenn das Ihr Wunsch und Segen ist, haben Sie mit diesem Buch die richtige Wahl getroffen.

Welch ein Segen ist es, wenn die Gemeinde mit Gott in eine persönliche und himmlische Ordnung kommt.

„Gott und ich“ ist wie ein Schlüssel zum geistlichen Wachstum, lebensnah und praktisch geschrieben. Jetzt ist es auch dem deutschen Sprachraum zugänglich.

Rosemarie Claussen

1

Was ist Gebet?

„Früher habe ich viel gebetet“, sagte mir einmal ein Mann. „Aber ich habe herausgefunden, dass es für mich nicht wichtig ist, eine bestimmte Zeit für Gebet zu reservieren. Stattdessen preise ich den Herrn immerzu.“

Das konnte ich mir nicht vorstellen und fragte nach, um mich zu vergewissern, dass ich richtig gehört hatte.

„Wollen Sie mir sagen, dass Sie keine Zeit mehr mit dem Herrn allein in Bitte und Gebet verbringen?“

„Das stimmt“, sagte er. „Ich preise den Herrn immer da, wo ich gerade bin. Ich preise den Herrn, wenn ich reise, ich preise den Herrn, wenn ich Bücher schreibe, ich preise den Herrn immerzu. Und ich verbringe viel Zeit damit, in Seinem Wort zu lesen, um sicher zu sein, dass ich nichts übersehen habe.“

Er schien mit den Ergebnissen zufrieden zu sein, doch für mich war seine Haltung nur eingeschränkter Gehorsam gegenüber Gottes Wort:

> *Betet ohne Unterlass! (1. Thess. 5,17)*
> *Wachet und betet … (Matth. 26,41)*
> *… in allem lasst durch Gebet und Flehen mit Danksagung eure Anliegen vor Gott kundwerden (Phil. 4,6)*
> *Verharret im Gebet … (Kol. 4,2)*
> *So will ich nun,*
> *dass die Männer an jedem Ort beten … (1. Tim. 2,8)*

Er bitte aber im Glauben … (Jak. 1,6)
Bei allem Gebet und Flehen aber betet jederzeit … (Eph. 6,18)
Und wenn ihr betet … (Matth. 6,7)

Es gibt unzählig viele Bibelstellen, in denen uns gesagt wird, dass wir beten sollen. Gottes Volk wusste schon immer, dass es beten sollte. Doch wir scheinen von Natur aus radikal zu sein. Wir wechseln von einem Schwerpunkt zum nächsten. Sobald es in der Gemeinde eine neue Lehre gibt, benehmen wir uns, als dürften wir alles andere vergessen, was wir je gelernt haben, und wenden uns den neuen Ideen zu.

In den frühen Jahren meines Dienstes wurde in den Gemeinden viel gebetet. Wir lasen in der Bibel nach, wie wichtig Gebet ist, und hielten „Dauergottesdienste" ab, in denen die Menschen beteten und beteten. Vor einigen Jahren begann der Herr Seinen Leib zu lehren, wie er Ihn loben und preisen soll; dass er erhebende Worte voller Lobpreis und Liebe sprechen und heilige Hände zu Ihm hochheben soll.

Die neue Betonung auf Lobpreis und Ehre war für mich aufregend. Mein Dienst wurde dadurch genauso stark verändert wie zuvor durch die Taufe im Heiligen Geist. Ich dachte, ich hätte das Ideal gefunden und könnte nun nie noch etwas Wunderbareres als diese Wahrheit lernen. Früher dachte ich, Gott preisen bedeutet zu sagen: „Danke, Herr." Jetzt lernte ich, dass es viel mehr war. Als ich sang und Worte von Seiner Würde und Größe aussprach, bereitete ich den Weg für Lobpreis und zog unendlichen Nutzen daraus.

Hätte Gottes Volk den Lobpreis Gottes als zweiten Teil eines Zusammenspiels aus Gebet und Lobpreis genommen, hätten wir große Fortschritte gemacht. Doch wir waren nicht so vernünftig. Stattdessen ließen wir das Gebet außer Acht und kümmerten uns nur um Lobpreis. Wir hatten zuerst Schlagseite in die eine Richtung, jetzt haben wir Schlagseite in die andere Richtung.

Jesus hat uns auf ganz wunderbare Weise Ausgewogenheit vorgelebt. Sie ist das Rückgrat jeder guten geistlichen Lehre.

Diese Ausgewogenheit finden wir auch in der akademischen Welt nicht. Wenn ein Professor erfolgreich Mathematik lehren will, muss er vorgeben, es sei das einzige, oder zumindest doch das wichtigste Fach. Will ein anderer Professor seine Studenten dazu bringen, seinen Englisch-Stunden zu folgen, muss er so tun, als existierten Mathematik oder Naturwissenschaften nicht.

Doch wir Gläubige in Christus sind gerufen, reif zu werden, bis wir vollkommen sind und es uns an nichts fehlt. Das bedeutet, dass wir eine gute Lehre nicht einfach loslassen sollten, nur weil wir eine andere Lehre hören. Wir müssen alles anwenden, was von Wert ist, und jede neue Lehre von einem angemessenen Blickwinkel aus betrachten.

Heute ermutigt uns der Herr, das Gebet wieder an den Platz zu stellen, der ihm gebührt; dabei darf jetzt der Lobpreis nicht zu kurz kommen. So werden wir eine höhere geistliche Reife als je zuvor erlangen.

Lobpreis ist wichig, doch Lobpreis macht Gebet nicht überflüssig

Ich kann mich erinnern, dass ich in früheren Jahren versucht habe, einen Hunger nach Gebet zu entwickeln. Wenn ich durch eine geistliche Dürre ging, versuchte ich mich selbst herauszureden, indem ich sagte: „Iverna, du hast einen wirklichen Hunger nach Gemeinschaft mit Gott im Gebet." Doch es funktionierte nicht. Manchmal log ich sogar und schrie: „O Herr, meine Seele schreit nach dir wie der Hirsch nach Wasserbächen." Doch auch das funktionierte nicht. Der Heilige Geist nahm meine Lüge nicht an. Stattdessen sagte Er: „Das tut deine Seele nicht, Iverna. Du willst nur deine Gebetsstunde schnell hinter dich bringen." Ich musste zugeben, dass Er Recht hatte.

Heute ist es für mich und viele Menschen aus Gottes Volk

ganz anders. Die Dürre ist weg. Gott stellt in der Gemeinde einen wahren Hunger nach Gebet wieder her.

Ich habe mir angewöhnt, die Leiter zu fragen, was sich in letzter Zeit in ihrer Gemeinde ereignet hat. Ausnahmslos antworten sie etwa Folgendes: „Ja, es geschieht etwas, etwas Aufregendes, man könnte es eine Erneuerung im Gebet nennen. Gottes Volk kommt in eine enge Berührung mit Gott und lernt, Seine Gegenwart zu genießen."

Überall hören Christen in ihrem Geist einen Ruf, so zu beten wie noch nie zuvor. Gott hat nie mit Seinem Volke gespielt, und es scheint so, dass endlich auch Sein Volk ernsthaft mit Ihm umgeht.

Wir leben in einer Zeit, in der ein schnelles Werk des Herrn stattfindet. Der Vater offenbart überall im gesamten Leib Christi Seinen Sohn. Und wir lernen, dass wir, wenn wir unsere Verantwortung nicht wahrnehmen, auch unsere Vorrechte als Teile dieses Leibes nicht genießen dürfen.

Viele Christen erfüllen ihre Aufgabe zu beten noch nicht. Das liegt nicht daran, dass sie nicht beten wollen, sondern dass sie denken, sie wüssten nicht, wie sie beten sollen. Zum Teil haben sie nicht verstanden, was Gebet wirklich ist und warum Gott Seinem Volk sagt, dass es beten soll. Wir müssen das wahre Wesen von Gebet verstehen, damit unsere Gebete wirklich so wirksam und lebendig werden, dass Gott sie gebrauchen kann, um Seinen Willen unter den Menschen zu tun.

Gebet ist kein Prozess, in dem wir Gott Informationen geben, die Er noch nicht hat. Gebet bedeutet nicht, dass wir ständig unsere „Wunschliste" vorlegen. Es ist auch kein Selbstzweck; es ist ein Mittel zum Zweck. Unser Ziel sollte nicht nur sein zu beten, sondern das Ergebnis des Betens zu empfangen – diese unbeschreibliche Gemeinschaft mit unserem Geliebten am heiligen Ort.

Stellen Sie sich einmal vor, Sie möchten mich anrufen. Sie wählen meine Nummer, doch bevor das Telefon klingelt, sagen Sie schon: „Hallo, Iverna. Ich wollte dich einfach anrufen und ein paar Minuten mit dir sprechen.“ Sie sprechen weiter, während das Telefon bei mir zu Hause klingelt, und schließlich sagen Sie: „Iverna, es tut wirklich gut, mit dir zu sprechen. Ich rufe dich bald wieder mal an.“ Dann legen Sie den Hörer auf und das Telefon hört auf zu klingeln. Wenn ich später ins Zimmer komme, weiß ich nicht einmal, dass Sie angerufen haben, weil ich zu dem Zeitpunkt nicht zu Hause war.

Viele Menschen beten genau auf diese Art. Sie machen ihr Gebet zum Selbstzweck, anstatt es als Mittel zur Gemeinschaft mit Gott zu sehen. Sie achten gar nicht darauf, ob Gott den Hörer abnimmt, um zu antworten. Anstatt wirklich mit Lobpreis und Dank in Seine Gegenwart zu kommen, geben sie Ihm nur die Liste der Dinge, die Er tun soll. Dann legen sie auf, bevor Er überhaupt „Hallo“ sagen kann.

Wir können am Sonntagmorgen aufstehen, uns anziehen und zum Haus Gottes fahren. Dort singen wir Seine Lieder, lesen die Briefe, die Er uns geschrieben hat, sprechen über Ihn, vielleicht sogar zu Ihm und fahren wieder nach Hause. Dann treffen wir unterwegs jemanden, der fragt: „Wo warst du heute morgen?“

„Ich war im Haus des Herrn.“

„Oh? War Er dort?“

„Ich weiß nicht. Ich war so damit beschäftigt, Dinge in Seinem Namen zu tun, dass ich gar nicht merkte, ob Er da war oder nicht.“

Wenn wir uns darauf vorbereiten, Zeit mit dem Herrn zu verbringen, müssen wir erst eine Verbindung herstellen, indem wir zu seinen Toren eingehen mit Danken, zu seinen Vorhöfen mit Loben und in Seine Gegenwart kommen mit Preisen (Ps. 100,2.4).

„Herr, ich danke dir für diesen Tag. Ich danke dir für alles, was du für mich getan hast, und ich preise dich für das, was du bist. Ich preise dich für deine Liebe.“ In der Versammlung beten wir Ihn im Geist an und singen in Seiner Gegenwart, um uns darauf vorzubereiten, Ihm unsere Bitten bekannt zu machen. Wenn wir das tun, haben wir Seine Nummer gewählt, das Telefon klingeln hören, Ihn am anderen Ende der Leitung „Hallo“ sagen hören, und sind bereit für einen Dialog mit Ihm.

Echtes Gebet, eine Unterhaltung, ein Gespräch mit Gott, ist ein Dialog, kein Monolog. Es sollte die drei grundlegenden Regeln für eine Unterhaltung befolgen.

Erstens, sind wir uns in einem normalen Gespräch der anderen Person bewusst. Gott sehnt sich nach unserem Dank, unserem Lobpreis, unserer Anbetung. In Zephania lesen wir, dass Er regelrecht vor Freude über uns singt (Zeph. 3,17). Er besucht unsere Lobpreisgottesdienste und fällt in unseren Lobpreis für Ihn mit ein, indem Er Seine Freude über uns singt.

Zweitens wechseln wir uns in einem gewöhnlichen Gespräch ab. Es gibt nichts Unangenehmeres, als wenn in einem Gespräch nur ständig eine Person spricht, auch wenn es interessant sein mag. Jeder hat den Wunsch, seine Meinung beizutragen, und niemand freut sich, wenn einer die ganze Diskussion an sich zieht. Wir sollen zuhören und sprechen.

Die dritte Regel für eine normale Unterhaltung ist, dass wir über ein Thema sprechen, über das die andere Person sprechen will. Wir sollten nicht die ganze Zeit selbst das Thema bestimmen wollen. Die meisten von uns sind Profis darin, Themen zu wechseln; das ist am offensichtlichsten, wenn wir auf unseren Knieen liegend zu Gott sprechen.

Ich könnte mein Gebet mit den Worten beginnen: „Hallo, Herr. Ich liebe dich, bete dich an und danke dir für all den Segen in meinem Leben.“

Wenn ich dadurch in Seine Gegenwart gekommen bin, könnte Er sagen: „Iverna, ich freue mich, dass du heute anrufst. Ich wollte mit dir über etwas in deinem Leben sprechen.“

Es besteht die Möglichkeit, dass ich schon etwas mehr als nur eine unbestimmte Ahnung davon habe, worüber Er mit mir sprechen will. Wenn Gott sich entscheidet, mit mir über etwas zu sprechen, sagt mir alles, was ich lese, was ich höre, jede Kassette, jede Predigt, jeder Gottesdienst, jede Zeitung, die ich aufschlage, jede Bibelstelle, die meine Aufmerksamkeit erregt, worüber Er mit mir sprechen möchte. Ich weiß, dass ich keine Ruhe bekomme, bis ich aufgebe, doch normalerweise wehre ich mich so lange wie möglich.

„Bitte, Herr, ich möchte heute nicht darüber sprechen. Ich muss dir etwas anderes sagen." Ich werde versuchen, darüber zu beten und sage dann: „Lass uns später darüber sprechen, Herr. Heute möchte ich dich für Schwester Soundso bitten ..."

Doch Gott will das gerade jetzt nicht hören.

„Iverna!" (Es ist schwer, Ihn zu ignorieren, wenn Er in diesem Ton mit mir spricht.) „Iverna, zuerst kümmern wir uns um diese Sache in deinem Leben. Dann sprechen wir über das, was *du* willst."

Wenn ich nicht nachgebe und mit Ihm über das von ihm ausgewählte Thema spreche, erlebe ich eine sehr frustrierende Gebetszeit. Doch wenn ich meine eigenen Wünsche beiseite lasse und über das spreche, worüber Er sprechen möchte, kann Er in meinem Leben Fortschritt bewirken.

Es kann eine Minute dauern, eine Stunde, oder noch länger, wenn ich mich um die Sache kümmere, die ich vermeiden wollte. Doch wenn es erledigt ist, bin ich gereinigt. Dann sagt der Herr in Seiner Güte: „Was wolltest du von mir, Iverna? Warum bist du diesmal zu mir gekommen?"

„Ach Herr, ich wollte zu dir wegen Schwester Soundso kommen und dich bitten, ihr Leben zu segnen. Sie hat im Augenblick solche Kämpfe, und ich glaube, dass du an ihr arbeitest."

Er nickt und sagt: „In Ordnung, Iverna. Das effektive, lebendige Gebet einer gerechten Frau bewirkt viel."

Auf meinen Reisen durch das Land treffe ich viele interessante Menschen. Ich habe erkannt, dass ich wirklich gute Gemeinschaft mit ihnen haben kann, wenn ich mit ihnen über das spreche, worüber sie sprechen wollen.

Früher hörte ich nur mit einer bestimmten Absicht zu. Wenn meine Gesprächspartner Gott, Religion oder Glaube erwähnten, hakte ich ein und dominierte das Gespräch so hartnäckig, dass die Tür für Kommunikation zwischen uns zugeschlagen wurde. Sie zogen sich dann schnell zurück und dachten: „O nein, schon wieder so eine religiöse Fanatikerin." Ich verlor sie, bevor ich überhaupt angefangen hatte. Ich habe gelernt, dass Gott uns bei solchen Zusammentreffen Weisheit schenken und uns zu einem Segen für Menschen machen kann, statt zu einem, der Türen zuschlägt.

Wenn ich gefragt werde, was mein Beruf ist, sage ich manchmal nur: „Ich kümmere mich um Menschen." Meistens werden sie dadurch neugierig, und es entwickelt sich im Laufe des Gesprächs eine wirklich bedeutsame Beziehung.

Die höchste Berufung eines Gläubigen heißt für mich: einatmen und ausatmen. Christus in uns kann alles andere, was nötig ist, tun. Die Bibel bestätigt das, wenn es heißt, dass wir immer bereit sein sollen, jedem, der uns nach dem Grund unserer Hoffnung fragt, Rede und Antwort zu stehen. Wenn wir herumgehen und jemandem, der uns keine Frage gestellt hat, eine Antwort aufzwängen, gehen wir den Menschen nur auf die Nerven und sind keine Zeugen für die in uns wohnende Gegenwart des Herrn Jesus Christus.

Bevor wir morgens zur Arbeit fahren, können wir sagen: „Herr, ich werde heute morgen arbeiten. Bitte lass deine Gegenwart so mit mir gehen, dass meine Kollegen dich in meinem Tun und in meiner Haltung sehen. Lass sie dich in meinem ganzen Benehmen sehen, Herr." Wenn wir das tun, werden erstaunliche Dinge geschehen.

Als ich einmal im Urlaub war, kam eine Frau auf mich zu und sagte: „Entschuldigen Sie, ich habe ein Problem. Könnten Sie …"

Ich hörte ihrer Leidensgeschichte zu, diente ihr mit der Liebe Jesu und fragte dann: „Warum haben Sie unter all den vielen Leuten hier ausgerechnet mich gewählt, um mit mir zu sprechen?"

„Ich weiß nicht genau", gab sie zu. „Ich war am anderen Ende des Raumes, als ich Sie sah, doch irgendwie wusste ich instinktiv, dass Sie mir helfen können."

Sie war nur eine von vielen, die mir gezeigt haben, dass wir nicht mit einem Plakat um den Hals herumlaufen müssen, um die Menschen wissen zu lassen, dass Jesus in unserem Leben ist.

Gebet ist die Tür zum Himmel, der Schlüssel zur Gemeinschaft mit Gott. Es ist die Himmelstür, die Jakob offenbart wurde. Gott möchte auf dieselbe Weise mit uns in einem Gespräch *in zwei Richtungen* kommunizieren. Gebet ist das Gefährt, das uns an den heiligen Ort bringt, an dem wir von Ihm das empfangen, wonach Er uns eine Sehnsucht ins Herz gelegt hat, zu unserem Besten und zu Seiner Ehre. Im Gebet öffnen wir einen Kanal, durch den Gott uns versorgen kann. Gebet gibt Ihm ein moralisches Recht darauf, in die Situation, die wir vor Ihn bringen, einzugreifen.

Manche Menschen werden schon von dem Gedanken abgestoßen, dass wir beten lernen können. Jedes Mal, wenn Gott mir sagt, dass ich über Gebet sprechen soll, bin ich schon darauf vorbereitet, dass viele Menschen die Versammlung verlassen. Der Feind bekämpft das Thema Gebet mehr als jedes andere Thema, weil Gebet ein solch mächtiges Werkzeug in den Händen der Gläubigen ist. Die Welt wurde durch die Macht des Gebets schon regelrecht umgewälzt, und Satan weiß dies. Jede große Erweckung wurde durch Gebet eingeleitet.

Eine der besten Arten, ein Gebet zu beginnen, ist, das Wort Gottes vor Ihn zu bringen und es sich anzueignen. Sie können zu den in Seinem Wort niedergeschriebenen Gebeten einfach sagen: „Ja, Herr." Sie können die Worte und Gedanken der Heiligen Schrift auf sich selbst anwenden und sie an Gott richten. Wir brauchen vor Ihm nicht einfallsreich zu sein, denn das ist im Grunde unmöglich. In der Bibel heißt es: „Und es gibt nichts Neues unter der Sonne" (Pred. 1,9).

Wir können auch beten lernen, indem wir den Gebeten Anderer zuhören. Meine Sekretärin erzählte mir, dass ihr Gebetsleben ein ganzes Jahr lang aus „Ja, Herr, ja, Herr" bestand, weil ich im Gebetszimmer so laut war. Ich kniete in einer Ecke und betete: „O Gott, ich bringe heute X vor dich …", und sie hörte mich in einer anderen Ecke und fügte nur ihr „Amen" zu dem hinzu, worum ich Gott bat. Als ich umzog und wir getrennt wurden, konnte sie selbst beten, weil sie so gut zugehört hatte. Sie hatte gelernt, sich meinen Gebetsstil anzueignen. Wir lernen alle beten, indem wir anfangen zu beten, nicht, indem wir nur Bücher über Gebet lesen oder jemandem zuhören, der über das Thema spricht.

Ich musste vor Jahren lernen zu beten, als der Herr eines Tages zu mir sagte: „Ich möchte, dass du jeden Morgen eine Stunde im Gebet auf die Knie gehst."

Da ich nicht wusste, wie ich mich der Verpflichtung entziehen konnte, bat ich den Pastor zu verkünden, dass jeden Morgen von zehn bis elf Uhr jemand im Gebetszimmer sein würde. Am ersten Tag kam noch eine andere Person. Ich ging in eine Ecke des Zimmers, sie in die entgegengesetzte, und wir begannen zu beten. Ich betete für meine Familie, mein Leben, jeden Missionar, von dem ich je gehört hatte, und dann betete ich, dass Gott Menschen in unserer Nachbarschaft retten würde. Als ich damit fertig war, blickte ich auf meine Uhr und stellte fest, dass zweieinhalb Minuten um waren.

„Herr, was soll ich in den restlichen siebenundfünfzigeinhalb Minuten machen?", rief ich. Er sagte es mir nicht, daher öffnete ich meine Bibel, las eine Weile und betete die Teile der Bibel, die nach Gebet klangen, las noch mehr, betete noch mehr, und nach einer scheinbaren Ewigkeit war die Zeit vorüber. Doch am nächsten Tag kam mir die Stunde nicht mehr so unendlich vor.

Am Ende dieses Jahres, in dem ich täglich eine Stunde auf meinen Knien liegen sollte, hatte ich gelernt, vier oder fünf Stunden am Stück zu beten, ohne dass mir die Dauer bewusst wurde.

Wenn Sie noch nicht gelernt haben zu beten, können Sie damit beginnen, eine bestimmte Zeit festzulegen, in der Sie für vielleicht fünfzehn Minuten auf die Knie gehen wollen. Sie können sagen: „Herr, in diesen wenigen Minuten gibt es nur dich und mich. Ich möchte hören, was du sagst, und ich möchte dir meine Bedürfnisse mitteilen."

Als Erstes werden Sie feststellen, wie das, was Sie als eine Pflicht sehen, die eben irgendwie erledigt werden muss, zum Höhepunkt Ihres Tages wird.

Die Bibel spricht von vielen Arten des Gebets – zu Gott rufen; Ihm das Herz ausschütten und Ihn unser Herz füllen lassen; vor Ihm aufs Gesicht fallen; im Geist und im Verstand beten …

Beten im Geist bedeutet nicht immer, in einer unbekannten Sprache zu beten. Manchmal bittet der Heilige Geist durch uns in Worten, die wir verstehen *können*. Egal in welcher Sprache, der Heilige Geist in uns weiß, was er für jeden von uns beten muss.

Wir brauchen uns nicht in eine Kategorie einzuordnen und zu sagen: „Ich bin diese Art Beter oder jene Art Beter." Denn der Herr ist der Herr unserer Gebete, Er ist frei, unsere Art von Gebet jedes Mal zu ändern. Manchmal flüstert Er vielleicht durch uns; manchmal mag Er schreien. Er mag durch uns weinen, jubeln, vorformulierte Gebete durch uns sprechen oder uns in eine Art Gebetsgespräch führen.

Jede Art von Gebet kann wunderbar sein. Ein stilles Gebet ist gut, wenn Sie im Wartezimmer des Arztes sitzen. Ein stilles Gebet wäre unsinnig, wenn Sie aufstehen und eine Gemeinde im Gebet führen sollen.

Zu wem sollen wir beten? In bestimmten Schriftstellen – Matthäus 6,6, Johannes 16,23, Epheser 1,17 und 3,14 – finden wir Anleitungen, zu Gott dem Vater zu beten. In anderen Schriftstellen heißt es, dass wir den Sohn anbeten sollen – Apostelgeschichte 7,59 und 2. Korinther 12,8. Normalerweise beten wir den Heiligen Geist nicht an, sondern Er betet durch uns – Johannes 14,16-17 und Römer 8,26.

Wann sollen wir beten? „Betet ohne Unterlass!" (1. Thess. 5,17). Das heißt, dass wir *immer* beten sollen. Wir finden Schriftstellen, die aussagen, dass Jesus morgens betete (Mark.

1,35), abends (Matth. 14,23), die ganze Nacht (Luk. 6,12) und am Tag (Luk. 9,18): Damit ist Beten rund um die Uhr abgedeckt.

Manche Christen sind Morgenmenschen. Nach neun Uhr abends muss man sie knuffen, um sie wach zu halten. Andere sind Nachteulen. Die Menschen sind so unterschiedlich, daher haben sie natürlich auch unterschiedliche Gebetszeiten.

Für mich ist es eine Trägödie, wenn ich früh am Morgen beten muss. Ich kann meinen Körper, wenn ich muss, früh aus dem Bett bekommen, doch mein Verstand funktioniert erst ab etwa 10 Uhr und meine Stimme steht erst mittags auf. Legen Sie eine Gebetszeit fest, die für *Sie* passt.

Welches ist eine angemessene Gebetshaltung? Sie können sich beugen, Sie können knien, Sie können stehen, Sie können sich auf dem Boden ausstrecken, Sie können auf Ihrem Bett liegen. Jede dieser Haltungen wird in der Bibel genannt.

Wo können Sie beten? Wo immer Sie sind. Sie können in der Öffentlichkeit beten oder wenn Sie allein sind, in der Wüste, in der Kirche, in der Gemeinde, zu Hause, hinter dem Steuer Ihres Wagens, an der Ampel, an der Straßenecke, in Ihrem Zimmer, in der Abstellkammer oder Garderobe.

Für mich bedeutet in einer Kammer zu beten nicht, dass ich unter die Mäntel krieche, mich zwischen riechende Schuhe setze und mit Gott spreche, während ich ersticke. Es bedeutet, dass ich mich mit meinem Verstand in eine Kammer begebe und alle Ablenkungen ausschließe. Wir können das im lautesten Gebetsraum tun, wenn wir unseren Verstand darauf lenken.

Seien Sie Sie selbst. Beten Sie, wie es Ihnen in den Sinn kommt, egal, wo Sie sind, immer wenn es nötig ist.

Worum sollten Sie bitten? Wir dürfen um alles bitten, was Seinem vollkommenen Willen für uns entspricht.

Als Elia Elisa fragte, was er noch wünschte, bevor er ihn verließ, wusste Elisa sofort, worum er bitten wollte. In seinem Herzen war der Wunsch nach einer doppelten Portion des Geistes von Elia, und als er darum bat, empfing er ihn.

Viele Christen sind der Gewohnheit verfallen, dem Herrn nur zu danken, und beziehen sich auf folgende Bibelstellen: „Ehe sie rufen, will ich antworten …" (Jes. 65,24) und „Denn euer Vater weiß, was ihr bedürft, ehe ihr ihn bittet" (Matth. 6,8). Sie haben es sich angewöhnt, fast nicht zu beten, Gott um nichts zu bitten, und daher haben sie vergessen, wie man beten soll. Sie scheinen zu denken: „Wenn Er schon alles weiß und all unsere Bedürfnisse erfüllt, warum sollten wir darum bitten?" Darauf gibt es nur eine Antwort: „Weil Sein Wort uns sagt, dass wir bitten sollen."

2

Wie man beten soll

Wenige Menschen sind wirklich mit ihrem Gebetsleben zufrieden. Und doch lehrt die Bibel, dass wir alle beten können. Jeder, der Christus in sein Leben aufgenommen hat, kann in Seine Tore mit Danken, in Seine Vorhöfe mit Loben, in Seine Gegenwart mit Singen kommen (Ps. 100) und freimütig (Hebr. 4,16) vor den Heiligen der Heiligen treten; denn der Vorhang, der Gott von Seinem Volk trennte, riss entzwei (Matth. 27,51), als Christus gekreuzigt wurde. Jedes Mal, wenn wir in Jesu Namen an den Vater herantreten, hört der Vater: „Jesus und ich bitten um den und den Segen." Und wegen Seines Sohnes erfüllt Er unsere Herzenswünsche (Joh. 16,23).

Wir verstehen dies ein wenig besser, wenn wir erkennen, dass wir Kinder Gottes sind. Wir wurden in Seine Familie aufgenommen; der Geist des Herrn gibt unserem Herzen Zeugnis und ruft: „Abba, Vater" (Röm. 8,15). Während wir das tun, tritt der Sohn selbst für uns ein (Hebr. 7,25).

Doch auch, wenn wir das wissen, haben wir das Gefühl, dass wir nicht richtig beten, uns nicht gut genug ausdrücken, es *unseren* Gebeten an Macht fehlt. Wir vergleichen unsere Gebete ständig mit denen anderer und neigen dazu, sie nachzuahmen, um unsere eigenen Gebete zu „verbessern".

Davor müssen wir uns hüten. Gott möchte nicht, dass wir so tun, als seien wir jemand anders, wenn wir im Gebet vor Ihn treten. Wir sollen wir selbst sein und jegliches Nachahmen beiseite lassen.

Jesus war kein Angeber. Jedes Mal, wenn Er betete, geschah etwas. Die Ergebnisse zeigten sich so deutlich in Seinem Leben, dass in den Jüngern das Verlangen entstand, so wie Er beten zu können. Jesus ging nicht zu ihnen und sagte: „Nun, Jungs, jetzt ist es an der Zeit, dass ihr beten lernt." Die Jünger kamen zu Jesus und sagten: „Herr, lehre uns beten" (Lukas 11,1).

Jesu Gebete hatten Wirkung. Er wusste, wer Er war. Er kannte Seine Position der Autorität vor Gott. Er wusste, dass er Macht hatte. Als Er zum Grab des Lazarus ging, stellte Er Seinem Gebet eine Aussage voran. Er sagte nämlich: „Gott, ich weiß, dass du in mir bist. Ich weiß, wer ich bin. Ich verstehe deine Macht, doch damit alle Menschen um mich herum erkennen können, was geschehen wird, werde ich beten." Er betete laut, damit die Menschen hören konnten, was Er zu Gott sagte.

Wenn manche Menschen dazu aufgerufen werden, in einer öffentlichen Versammlung zu beten, klingt es so, als würden sie beten, damit die Menschen um sie herum sie hören können. Bei anderen wiederum klingt es, als wüssten sie nicht, dass Menschen um sie herum sind. Sie sprechen direkt zu Gott.

Es ist schwer für uns, mit dem übereinzustimmen, was jemand sagt, wenn wir etwas Unechtes in seinen Worten spüren. (Sie klingen vielleicht mehr nach tönenden Zimbeln und scheppernden Blech als nach Gebet an den ewigen Gott.) Es ist wunderbar, wenn wir spüren, dass jemand *wirklich* betet, wenn er sagt: „O unvergleichlicher, gnädiger Vater im Himmel, der du allwissend und allmächtig bist, wir bitten dich heute für dein Volk …" Doch es ist tragisch, Menschen diese Art von Gebet zu lehren, die solche Worte nicht verstehen.

Ich saß eines Tages auf einer Kanzel und sah hinunter auf die Menschen, die gerade „den Herrn lobten". Der Herr schien mir zu sagen, dass einige Ihn wirklich priesen, während andere nur Worte des Preises aufsagten, die sie einmal gelernt hatten.

„Wenn du nach Afrika gehst und die Sprache der Eingeborenen lernst, wird dich das zu einem Eingeborenen machen?“, fragte Er mich.

„Natürlich nicht.“

„Weshalb glaubst du dann, dass du all diese Menschen hier zu Eingeborenen gemacht hast, nur weil du sie die Sprache lehrtest?“

Ich verstand, worauf Er hinaus wollte. Diese Lektion hatte ich gebraucht.

Eines der Lieder, die oft als Anfangslied gesungen werden, beginnt: „So wie ich bin …“ Wir täten gut daran, das für unser Gebetsleben anzuwenden und einfach zu kommen wie wir sind, ohne etwas vorzugeben und ohne Worte zu gebrauchen, die aus unserem Mund seltsam klingen. Ehrlichkeit und Aufrichtigkeit sind die Hauptzutaten für unsere Gebete. Eine Frau aus dem Neuen Testament lernte dies auf eine schwierige Art:

> *Und Jesus zog von dort weg und entwich in die Gegend von Tyrus und Zidon. Und siehe, eine kananäische Frau kam aus jener Gegend, schrie und sprach: Erbarme dich meiner, Herr, du Sohn Davids! Meine Tochter ist arg besessen! Er aber antwortete ihr nicht ein Wort. Da traten seine Jünger herzu, baten ihn und sprachen: Fertige sie ab; denn sie schreit uns nach! Er aber antwortete und sprach: Ich bin nur gesandt zu den verlorenen Schafen des Hauses Israel. Sie aber kam, fiel vor ihm nieder und sprach: Herr, hilf mir! Er aber antwortete und sprach: Es ist nicht fein, dass man das Brot der Kinder nehme und es den Hündlein vorwerfe! Sie aber sprach: Ja, Herr! Aber doch essen die Hündlein von den Brosamen, die vom Tisch ihrer Herren fallen. Da antwortete Jesus und sprach zu ihr: O Frau, dein Glaube ist groß; dir geschehe, wie du willst! Und ihre Tochter war geheilt von jener Stunde an (Matth. 15,21-28).*

Ich hörte als Kind diese Bibelstelle in der Sonntagsschule, doch ich konnte sie nie mit einem liebenden, gebenden Gott in Verbindung bringen. Die Lehrer hatten mir immer gesagt, wie gut Gott war, und wie großzügig Er zu jedem war, der zu Ihm kam. Dann lasen sie mir diese Geschichte vor und sagten, die Frau bekam deshalb vom Herrn, weil sie „daran festhielt", weil sie immer und immer wieder bat, egal, wie sehr es auch danach aussah, dass der Herr sie überhaupt nicht ernst nahm. Es ergab für mich einfach keinen Sinn, dass Er so handelte.

Jahre später hörte ich in einer Predigt, worum es in dieser Botschaft eigentlich ging. Das passte zu dem, was ich als Wahrheit über einen liebenden Gott kannte.

Wir können annehmen, dass die Frau beobachtet hatte, wie Jesus die Kranken heilte, Teufel austrieb, Blinde sehend machte und andere Wunder tat. In all dem hörte sie, was die Menschen sagten, wenn sie zu Ihm kamen. Die Juden sagten: „Jesus, du Sohn Davids, hab Mitleid mit mir." Es war logisch, dass die Juden das sagten. Obwohl sie nicht verstand, was das bedeutete, merkte die Frau es sich und übernahm es. Sie ging zu Jesus und sagte: „Jesus, du Sohn Davids, hab Mitleid mit mir. Meine Tochter ist stark von einem Teufel besessen."

Jesus tat so, als höre Er sie gar nicht. Das tat Er wohl deshalb, weil sie mit dem, was sie sagte, nicht ihr eigentliches Ich zeigte. Es war ein aufgesetzter, kalkulierter Ansatz, um das zu bekommen, was sie wollte.

Schweigen ist ein großes Werkzeug, eines, das Gott oft gebraucht, wenn Er an Seinem Volk arbeitet. Jesus sagte, dass Er uns nie verlassen würde, und Er verlässt uns auch nicht. Doch Er scheint viel zu verbergen. Durch Sein Schweigen kann Er einen Schatten über Seine Gegenwart legen.

Durch Sein Schweigen will Er bezwecken, dass wir in uns selbst Inventur machen. Wir erkennen, dass etwas nicht stimmt, etwas außer der Reihe bzw. nicht richtig ist. Und wir wissen, dass der Fehler nie bei Gott, sondern immer bei uns liegt.

Der erste Fehler, den die Frau mit Jesus machte, war, dass

sie eine Beziehung zu Ihm vortäuschte und wie eine Jüdin handelte, obwohl sie keine war. Sie war Griechin, eine Frau aus dem Land Kanaan. Sie hätte kommen und sagen können: „Herr, ich bin Ausländerin, doch ich bringe dir mein Problem." Er hätte sie aufgrund ihrer Ehrlichkeit von Anfang an erhört.

Doch jetzt sprach Jesus zunächst nicht mit ihr, sondern sagte zu Seinen Jüngern: „Wisst ihr, Brüder, ich bin nur zu den verlorenen Schafen des Hauses Israel gesandt." Das entlarvte die Frau und zeigte ihr, dass Er wusste, dass sie gar keine Jüdin war und gar nicht das Recht hatte, so zu sprechen. Als sie das erkannte, kam sie hinter der Fassade, die sie aufgebaut hatte, hervor. Sie wurde dem Herrn gegenüber ehrlich, fiel vor Ihm nieder und sagte ungefähr das: „Herr, ich bin es. Hilf mir, Herr. Bitte gib mir Brosamen. Sogar die Hunde dürfen die Brosamen essen, die vom Tisch fallen."

„Das nenne ich Glauben!", sagte Jesus. Und Er gewährte ihre Bitte. Solange sie unter Vorspiegelung falscher Tatsachen an Ihn herantrat, beachtete Er sie nicht. Sie musste so weit kommen, dass sie vollkommen ehrlich wurde, um das empfangen zu können, was der Herr ihr zu geben hatte.

Unsere Fürbitten werden keinen Erfolg haben, wenn unsere Beziehung zu Gott nicht durch persönliches Gebet lebendig bleibt. Unsere Hauptverantwortung vor Gott ist, dass wir in eine echte Beziehung zu Ihm treten; erst dann können wir anderen etwas weitergeben. Dies ist ein universelles Gesetz für Priesterschaft – zuerst die Vorbereitung des Priesters selbst, dann sein Dienst an den Menschen.

Gottes Volk hat sich zu lange mit einem allgemeinen, ungenauen Gebet für sich selbst aufgehalten, das etwa so klingt:

„Herr, ich komme zu dir und bitte dich um Vergebung für alle Sünden, die ich in den vergangenen vierundzwanzig Stunden begangen habe, seit ich das letzte Mal mit dir gesprochen habe, und ich bete, dass du alles herausfindest, was an mir geändert werden muss, und mich änderst. In Jesu Namen. Amen."

Dann wenden wir uns unseren Geschäften zu und denken nicht mehr daran, für uns selbst zu beten. Kein Wunder, dass wir nicht wachsen! Im Jakobusbrief sagte Jesus zu uns: „Ihr habt deswegen nicht mehr, weil ihr nicht bittet. Ich möchte euch beibringen, mich um das zu bitten, was ihr braucht, damit ihr zu meinem Ebenbild werden könnt." Er versucht, uns auf neue Ebenen der Reife zu bringen, damit wir kühner beten und Er mehr in uns und durch uns erfüllen kann. Wenn wir lernen, was uns Sein Wort verspricht, können wir darum bitten.

Eines Tages setzten sich eine Mutter und ihr fünfjähriger Sohn an den Küchentisch, um Suppe zu Mittag zu essen. Das Kind nahm seinen Löffel und begann, die Suppe umzurühren.

„Bitte um den Segen, Tommy", erinnerte ihn seine Mutter.

Er nickte, rührte seine Suppe weiter um, blickte intensiv auf die Suppe und sagte keinen Ton.

„Was *tust* du denn da?", fragte seine Mutter schließlich und platzte fast vor Neugier.

Tommy antwortete, ohne aufzusehen: „Es ist doch eine Buchstabensuppe. Ich dachte, vielleicht setzt Gott das Gebet zusammen."

Wir befinden uns ungefähr auf derselben Ebene, wenn wir beten und alles, was herauskommt, ist: „Herr, ich bete für meine Klasse, ich bete für mein Zuhause, ich bete für mich als Mutter, als Mitglied des Elternbeirats und als Autofahrer. Segne mich und lass deinen Willen in jedem Bereich meines Lebens geschehen. Amen."

Ich glaube stark an genaue Gebete. Und zu meiner großen Verwunderung lernte ich sogar geschriebene Gebete schätzen. In der Pfingstbewegung, in der ich aufwuchs, beteten die Menschen einfach mit den Worten, die ihnen der Herr gerade gab. Es wurde nie etwas vorher aufgeschrieben. Immer, wenn ich erlebte, dass Menschen mit Worten beteten, die schon aufgeschrieben waren, hielt ich es für minderwertiger. Und ich dachte, Gott würde ihre Gebete nicht hören. Doch er ließ das Folgende geschehen, um mich zu lehren.

Früh morgens erledigte eine Schreibkraft in meinem Büro für mich Schreibarbeiten, bevor sie zu ihrer normalen Arbeitsstelle ging. Sie betete jeden Tag für mich, schrieb ihr Gebet auf und legte es auf meinen Schreibtisch. Das Erste, was ich sah, wenn ich in mein Büro kam, war ein Blatt Papier, auf dem etwa Folgendes stand:

„Lieber Gott, ich bringe dir heute morgen Iverna und bitte dich, dass du heute durch sie wirkst und deinen Willen im Leben jedes Menschen erfüllst, der in dieses Büro kommt. Ich bete, dass du durch sie mit der Weisheit des Herrn Jesus Christus Rat gibst. Gib ihr alles, was sie heute braucht, Herr. Und gib, dass sie an diesem Tag nicht nur gibt, sondern lass auch sie Segen empfangen."

Können Sie sich vorstellen, was es für mich bedeutete, wenn ich am Anfang des Tages dieses Gebet las? Ich rieb mir die Hände und sagte: „O Herr! Ich bin bereit zu gehen. Danke, dass du dieses Gebet erhörst. Lass uns in diesen vollkommenen Tag gehen."

Das Schöne am Gebet meiner Schreibkraft war, dass es kein verallgemeinerndes Gebet war. Es war ein genaues Gebet, genau aufgeschlüsselt; sie bat um etwas Spezielles und erwartete, dass Gott es erfüllen würde.

Ein allgemein gehaltenes Gebet ist normalerweise der Hinweis auf einen geringen Glauben. Wenn wir beten: „Herr, segne doch die Menschen heute Nacht", sagen wir am Ende der Versammlung vielleicht: „Ich glaube wirklich, dass Menschen gesegnet wurden. Ich glaube, dass der Herr mein Gebet erhört hat." Doch wenn wir vorher voller Glauben beten: „Herr, rühre heute Abend Joan an, in Jesu Namen!", und sie vor dem letzten Amen in Tränen aufgelöst sehen, können wir sagen: „Halleluja! Seht, wie der Herr das erhört hat!", und unser Glauben wächst um einen ganzen Kilometer.

Wir müssen lernen, genaue Gebete für uns selbst zu sprechen, damit unser Leben durch den Geist Gottes geregelt werden kann und uns in das lebendige Wort Gottes verwandelt, wenn wir nach Seinen Geboten wandeln. Wenn wir das tun, wird das Zeugnis des Herrn für uns kostbar, weil wir darin wandeln. Indem wir es auf uns anwenden, erkennen wir, dass wir Macht im Herrn haben. Macht im Herrn ist besser als Geld auf einem Sparkonto.

„Beten Sie für dieses Kind, das Leukämie hat", sagt jemand.

„Herr, ich bin hier im Namen Jesu Christi, um aus deinem Reichtum an Herrlichkeit eine Heilung für ein kleines Mädchen zu ziehen." Mit der Macht, die Gott uns im Gebet gegeben hat, können wir aus den Quellen Gottes empfangen.

Gebet ist eines der großartigsten Werkzeuge, die Gott Seiner Gemeinde gegeben hat. Die ganze Kirchengeschichte hindurch zerbrach Gebet die Fesseln des Feindes; Gebet brach die Macht des Starken über dem Leben Einzelner und über ganzen Gemeinschaften.

Meistens geschah es auf diese Weise, dass ein Mann oder eine Frau des Glaubens an einen Ort kam, das Wort des Herrn festhielt und sagte: „Gott, ich glaube an die Rettung jedes Menschen in dieser Fabrik." Fast über Nacht wurden alle Menschen gerettet, die in dieser Schicht arbeiteten.

Heute sind wir stärker krisenorientiert. Wir hören von jemandem mit einem großen Problem und ermutigen die ganze Gemeinde, sich darauf zu konzentrieren, Sieg für diese Person zu bekommen. Wenn der Feind es schafft, dass wir krisenorientiert bleiben, wird er unser geistliches Wachstum verhindern. Krisenorientierte Menschen erkennen nicht, dass es auch nötig ist, für sich selbst zu beten, wenn alles gut läuft. Sie halten es auch nicht für nötig, dass jemand anders für sie Fürbitte tut.

„Ich habe keine Probleme", lächeln sie. Es besteht die Gefahr, dass sie nicht im Herrn wachsen. Wir sollten lernen, wie wir beten sollen, wenn wir uns nicht in einer Krise befinden, damit wir wissen, wie wir beten sollen, wenn eine Krise kommt.

Jabez war ein Mann, der betete, als es keine Krise gab. Sein Gebet, das in einer langen Aufzählung von Generationen in

1. Chronik fast versteckt ist, kann uns viel darüber lehren, wie wir für uns selbst beten sollen.

> *Und Jabez war angesehener als seine Brüder; und seine Mutter gab ihm den Namen Jabez, denn sie sagte: Mit Schmerzen habe ich ihn geboren. Und Jabez rief den Gott Israels an und sagte: Daß du mich doch segnen und mein Gebiet erweitern mögest und deine Hand mit mir sei und du das Übel (von mir) fern hieltest, daß kein Schmerz mich treffe! Und Gott ließ kommen, was er erbeten hatte (1. Chr. 4,9-10 Elb.).*

3

„Dass du mich doch segnen mögest“

Jabez begann sein Gebet für sich, indem er sagte: „Dass du mich doch segnen … mögest!“ (1. Chr. 4,10, Elberfelder).

Wir wissen sehr wenig über diesen Mann Jabez. Er wird in der Bibel nur einmal erwähnt. Sein Name bedeutet „schmerzhaft“, da ihn seine Mutter mit Schmerzen geboren hatte.

Frucht in unserem Leben wird unter Schmerzen geboren. Wir können niemandem eine geistliche Geburt schenken; das muss der Herr tun. Doch nachdem jemand im Geist Gottes wiedergeboren wurde, kann uns der Herr das Baby in den Schoß legen, damit wir es nähren. Dieses Nähren wird normalerweise einige Schmerzen in unser Leben bringen.

„Du sollst die Mutter dieses Kindes sein“, scheint der Herr zu sagen. Auch wenn das Kind aus der Linie des Isaak stammt, bedeutet es nicht, dass es für uns leicht sein wird, es auf den Weg zu bringen, den es gehen soll. Er ist nicht gesagt, dass es die Wege Gottes lernen will. Die Gesetze Gottes werden ihm anfangs fremd sein, und der Plan Gottes wird in seinem Leben völlig fehlen. Es weiß vielleicht nur, dass dort oben irgendwo ein ewiges Wesen ist, das Gott genannt wird.

Wenn wir ein Baby in Christus annehmen und versuchen, ihm etwas von Gott und Seiner Wahrheit weiterzugeben, wird es vielleicht öfter nicht zuhören. Vielleicht lässt Gott uns seinetwegen täglich stundenlang weinend auf die Knie gehen, wenn Er uns diese Seele wirklich aufs Herz gelegt hat. Manchmal werden wir wissen, wie wir für diesen Menschen beten sollen; manchmal werden wir nur Laute stöhnen, die nicht in Worte gefasst werden können. Und dann der herrliche Tag, an dem wir erleben, wie das Kind Gottes sich für die Fülle des Lebens Christi öffnet. Es kann sein, dass Jabez in seinem Dienst Ähnliches erlebte.

Als Jabez zu Gott rief: „Dass du mich doch segnen mögest!“, stellte er sich für drei verschiedene Segnungen Gottes an; für Segnungen, die zusammen die Bedeutung des Wortes *doch* ergeben, das „vollständig, ganz, völlig und vorbehaltlos“ heißt. Einen solchen Segen brauchen auch wir für unser Leben.

Die drei verschiedenen Arten von Segnungen sind der Segen *vom* Herrn, der Segen *durch* den Herrn und der *weitere Segen*, der uns zum Segen für andere macht.

Der Segen *vom* Herrn ist der Segen Seiner geistigen und zeitlichen Gegenwart. Er wohnt in mir und ich in Ihm. Er ist mein Gott, und ich gehöre Ihm. Er geht mit mir, Er spricht mit mir, Er führt mich überall, wohin ich gehe.

Christen sagen oft zueinander: „Gott segne dich.“ Eines Tages traf ich einen Christen aus Australien, der das nicht sagte. Er sagte auch nicht: „Hallo, wie geht's? Ich freue mich, dich kennen zu lernen.“ Stattdessen blickte er mir direkt in die Augen und sagte: „Der Segen des Herrn sei auf dir, Schwester.“ Ich wusste sofort, dass er etwas von dem verstand, was er zu mir sagte, und plötzlich fühlte ich mich an einen Ort göttlicher Ehre entrückt.

Vielen von uns wurde beigebracht, dass der Segen *vom* Herrn gleichzusetzen ist mit einem guten, fröhlichen, glücklichen Gefühl, das wir nach einem wundervollen Gottesdienst haben, bei dem außerdem ein bisschen Gänsehaut das Erkennungszeichen ist.

„O, das war wirklich der Segen vom Herrn!“, können wir sagen. Wir haben gesehen, wie Gott im Gottesdienst etwas Besonderes gemacht hat. Vielleicht war das Singen sehr lebendig. Wir hatten Lust, mit den Händen zu klatschen, zu tanzen oder heilige Hände zum Herrn zu erheben.

So etwas ist schön, doch der wirkliche Segen vom Herrn ist die Gegenwart des Herrn selbst.

Moses kannte den Segen des Herrn. An einem Punkt in seinem Leben sagte Gott zu ihm: „Moses, du hast viele Probleme, dieses rebellische Volk zu führen. Sie haben auch viele Probleme. Doch geh weiter und führe sie, geh im Glauben, und ich werde Engel vor dir herschicken.“

Die meisten von uns hätten wahrscheinlich gesagt: „Eine tolle Abmachung, Herr. Vielen Dank für die Engel! Das ist alles, was ich brauche.“

Wenn Gott zu mir sagen würde: „Iverna, ich werde dir einen mächtigen Engel geben – deinen persönlichen Führer – der vor dir hergehen soll, damit ihn alle sehen“, dann wäre ich aufgeregt.

„Wirklich, Herr?“, würde ich sagen. Ich würde darüber nachdenken, wie wunderbar es wäre, wenn die Menschen mich mit einem Engel vor mir herumgehen sähen. Ich würde mir vorstellen, wie sie rufen: „Da ist sie! Da gehen Iverna und ihr Engel.“

Doch Moses war klüger als ich. Anstatt zu Gott zu sagen: „Eine tolle Abmachung!“, als Gott ihm Schutzengel für alle Orte anbot, sagte Mose: „Wenn *deine* Gegenwart nicht mit mir geht, Gott, dann möchte ich nicht gehen.“

Manche Christen sind in ihrem eigenen Leben mit dem Herrn so weit gekommen, dass sie aufrichtig sagen können: „Herr, es gibt keinen Ausgleich für deine Gegenwart. Ich will keine Engel; ich will keine Wunder; ich will nichts anderes; ich will nur sicher sein, dass du selbst mit mir bist.“

Ich habe redegewandte Prediger gehört, bei denen ich mich leer und ausgetrocknet fühlte. Ich habe stockende Prediger gehört, bei denen ich den Segen und die Salbung Gottes spürte, weil sich Seine Gegenwart in ihnen manifestierte. Es fällt nicht schwer zu entscheiden, wem wir lieber zuhören, dem, der aus seiner eigenen Fähigkeit heraus spricht, oder dem, der mit dem Segen der Gegenwart des Herrn spricht.

Die Welt hungert nicht nach Kirche, Gemeinde, Religion

oder Redegewandtheit. Sie hungert nach Leben, einem echten Lebensfluss von Gott. Die Gegenwart des lebendigen Herrn ist dort, wo der Lebensfluss ist. Im Segen Seiner Gegenwart werden Bedürfnisse über die menschliche Vorstellungskraft hinaus erfüllt.

Jeder Gläubige muss verstehen, dass er als Tempel des lebendigen Gottes erschaffen wurde, der den Segen von Gott unablässig genießt. Wenn wir singen: „Lass den Tempel mit Seiner Ehre erfüllt werden!", bitten wir darum, dass jeder Gläubige mit Ihm erfüllt wird. Kein anderer Segen kann mit dem Segen *vom* Herrn verglichen werden.

Sie genießen den Segen vom Herrn, wenn Sie überall mit Ihm sprechen, wo Sie gerade sind; wenn Sie an einer Ampel stehen und der Fahrer des Wagens neben Ihnen Sie seltsam anblickt, weil er Sie für verrückt hält, da Sie anscheinend Selbstgespräche führen.

Mitten im Segen vom Herrn müssen wir vielleicht anhalten, weil ein Personenzug die Straße überquert. Während er vorbeifährt, beten wir für jeden Passagier, für den Lokführer, den Schaffner, den Kellner im Speisewagen …

„Herr, segne sie und hilf ihnen."

Wenn wir den Segen vom Herrn in allem Guten erleben, was Gottes Kinder erfahren, ist unsere sofortige Reaktion darauf: „Danke, Herr." Wenn jemandem etwas Schlechtes widerfährt, gehen wir in die Fürbitte: „Hilf ihnen, Herr. Erbarme dich ihrer."

Viel zu oft denkt die Gemeinde gar nicht daran, dass der Herr selbst der Größte ist. Sie begnügt sich mit dem Segen *vom* Herrn. Zum Segen vom Herrn gehören die Gabe und die Macht des Heiligen Geistes, der so durch Seine Gaben zum Dienst für die Gemeinde wirkt. Er bringt die Frucht des Geistes in unser Leben und den zeitlichen Segen, den wir schon allein deshalb empfangen, weil wir zu Ihm gehören. Dieser Segen ist wunderbar, doch der Herr selbst ist *der* Segen, und ohne diese Erkenntnis werden wir nicht weiterkommen.

Gott schenkt den Menschen seine Gunst auf vielerlei Weise. Das Leben, das wir oft als selbstverständlich hinnehmen, ist Gottes Geschenk an uns. Wenn jemand ein geborener Verkäufer zu sein scheint und jede Woche einen guten Lohnscheck nach Hause bringt, könnte es sein, dass das Ansehen, das er bei seinem Chef und seinen Kunden genießt, Gottes besonderes Geschenk an ihn, Gottes besonderer Segen für sein Leben ist. Er ist es, der uns erhöht, und Er ist es, der uns erniedrigt.

In der Bibel heißt es, dass junge Männer in den letzten Tagen Visionen haben werden. Wenn ich über diese Bibelstelle nachdenke, sehe ich Hunderte von jungen Männern, die jeden Morgen auf dem Weg zur Arbeit an einem großen Feld vorbeifahren, auf dem ein Schild „Zu Verkaufen“ steht. Ein Mann sagt: „Ich sehe auf diesem Feld eine gut gehende Tankstelle.“ Er hat eine Vision für das Feld, kauft es, baut eine Tankstelle darauf und hat dort ein gut gehendes Geschäft. Von den vielen jungen Männern war er derjenige, der eine Vision dafür hatte, was mit dem Feld gemacht werden könnte, und der Herr schenkte ihm dadurch Wohlstand. Auch das ist ein Segen durch den Herrn.

Wenn die Wege eines Menschen dem Herrn gefallen, liegt ein Segen auf allem, was er tut, hat und sagt. Wenn wir arm sind, ist es unsere Aufgabe, darauf zu sehen und zu sagen: „In Ordnung, Herr, du hast meine Aufmerksamkeit. Was ist los? Wo habe ich dich verpasst? Was willst du mir dadurch sagen?“

Wenn wir noch nicht soweit sind, fangen wir vielleicht an zu beten: „Herr, es läuft für mich im Moment nicht so gut. All diese Rechnungen, die ich bezahlen muss – ich habe nichts, womit ich sie bezahlen kann.“

Es gab in meinem Leben eine Zeit, in der ich ernsthafte finanzielle Probleme hatte. Ich machte auf finanziellem Gebiet nur Fehler. Damals besuchte eine Missionarin meinen Bruder Judson, der schräg gegenüber von mir wohnte. Eines Tages kam meine Schwägerin Eleanor mit der Missionarin aus dem Haus. Als sie zusammen auf dem Gehsteig standen, sagte meine Schwägerin zur Missionarin: „Wenn du an Iverna denkst, bete für sie. Es geht ihr finanziell ziemlich schlecht. Seit sie nach Oregon gezogen ist, hat sie nur Rückschläge gehabt."

Die Frau wirbelte herum, wie es nur weibliche Prediger können, und rief: „Ich weise diesen Geist der Armut zurück! Ich binde die Armut und befehle diesem Geist, ihr Haus zu verlassen!"

„Geist der Armut?", fragte Eleanor. „Ich wusste gar nicht, dass es das gibt."

Die Missionarin warf ihr einen seltsamen Blick zu und betete weiter.

Eine Zeit lang schien es für mich etwas besser zu laufen, und ich lobte mich dafür, dass ich eine so kluge Hausverwalterin geworden war. Natürlich musste mich der Herr eine bessere Lektion lehren. Ich geriet damals in einen echten Prozess, der mich „blank bis auf die Knochen" machte.

Wenn wir Ihm gehören und Er der Herr in unserem Leben ist, versorgt Er uns immer mit allem, was wir brauchen. Doch es scheint Zeiten zu geben, in denen der Herr uns unseren materiellen Besitz wegnehmen muss, um unsere ganze Aufmerksamkeit zu bekommen. Doch nur entblößt zu werden, offenbart uns noch nichts, wenn wir durch diese Umstände nicht zum Herrn zurückkehren.

„Ich versuche schon die ganze Zeit, deine Aufmerksamkeit zu bekommen, Kind", könnte Er zu uns sagen. „Es gibt etwas, worüber wir sprechen müssen."

Gott ließ mich zweimal in meinem Leben meinen ganzen materiellen Besitz verlieren, damit ich lernte, dass Er der Eigentümer ist und ich der Verwalter all dessen bin, was Er mir in diesem Leben zur Verfügung stellt. Nachdem ich meine Lektion gelernt hatte, gab Er mir alles zurück, damit ich es genießen konnte. Jetzt sage ich: „Herr, du hast hier ein schönes Heim. Ich freue mich sehr, dass du mich in deinem wunderbaren Zuhause wohnen lässt." Ich fahre mit Freuden Sein Auto und esse an Seinem reich gedeckten Tisch. Ich vergesse nie, dass alles Ihm gehört.

Die Gemeinde hat dem Herrn keine Ehre damit gebracht, dass sie der Welt Armut und Probleme zeigte. Sie wird Ihm

Ehre bringen, wenn sie Seinen Überfluss genießt, mit anderen teilt und verkündet, dass alle Segnungen durch Gott zu Seinen Kindern kommen.

Die Bibel lehrt uns, dass der Segen durch den Herrn, die Gaben des Heiligen Geistes, „unwiderruflich“ gegeben werden (Röm. 11,29).

Manchmal sehen wir Männer und Frauen mit einem großen Dienst; Menschen, durch die der Heilige Geist mächtig wirkt, doch ihr eigenes Leben hält nicht Maß. Irgendwo entlang der Messlatte wurde ihre Heiligkeit und Aufrichtigkeit vor Gott zu Stolz und Irrtum. Wenn aber die Gaben weiter durch solche unreinen Gefäße wirken, sind wir oft frustriert und verwirrt.

„Warum, Gott? Warum gebrauchst du jemanden, der so geworden ist, weiter?“

„Weil ich meine Gaben nie zurücknehme“, teilt Er uns mit. „Sie sind unwiderruflich gegeben. Ich ändere meine Meinung über diejenigen, die ich berufe und segne, nicht.“

Manche Menschen denken, dass die Kraft einer Gabe, die durch ein unrein gewordenes oder in Irrtum verfallenes Gefäß so an Gottes Volk weitergegeben wird, vom Teufel kommt. Doch das stimmt nicht. Die Kraft ist noch immer von Gott, der sie anfangs gab.

Jesus sagte, dass in den letzten Tagen viele zu Ihm kommen und sagen werden: „Herr, Herr, haben wir nicht in deinem Namen geweissagt und in deinem Namen Dämonen ausgetrieben und in deinem Namen viele Taten vollbracht?“ (Matth. 7,22).

Der Herr wird zugeben, dass sie diese Dinge in der Macht Seines Namens taten, das stimmt. Sie hatten vielleicht nach weltlicher Einschätzung einen erfolgreichen Dienst. Doch in ihrem Dienst fehlte der Segen der Gegenwart des Herrn. Gott mag einen Dienst noch ehren, lange nachdem das Gefäß aus Seiner Gnade gefallen ist. Es ist der Segen *vom* Herrn, nicht der Segen *durch* den Herrn, der das Gefäß reinigt und Platz schafft für Seinen Fluss des Lebens.

„Ich habe euch nie gekannt; weichet von mir ...", wird Jesus zu solchen Leuten sagen (Matth. 7,23). Das Wort *gekannt* bedeutet hier „Zustimmung". Die Gaben des Geistes sind Werkzeuge, die vom Heiligen Geist für den Dienst zugeschnitten werden. Die Gabe, die eingesetzt wird, ist mit dem Gefäß verbunden. Deshalb sollen wir Prophetien beurteilen und in enger Gemeinschaft mit dem Geber bleiben, wenn wir wollen, dass die Gaben durch uns wirken sollen.

Wenn wir ein Problem mit diesen Dingen haben, müssen wir beten: „Herr, es tut mir Leid. Ich bekenne, dass in mir ein ehrgeiziger Geist ist. Ich möchte nicht wirklich, dass das Wort geschieht und dein Name allein verherrlicht wird. Ich möchte gesehen werden, ich möchte bekannt werden, ich möchte, dass die Menschen sagen: Seht nur, wie die Macht Gottes in ihrem Leben manifestiert ist."

Nachdem Sie Ihre Sünde bekannt haben, können Sie Ihm sagen: „Herr, bitte reinige mich von dieser Neigung zur Selbstverherrlichung. Herr, ich möchte, dass deine Gegenwart überall mit mir ist."

Auf den Fall weithin bekannter Persönlichkeiten wird ein Scheinwerfer gerichtet. Wir sollen alle unsere Verantwortung erkennen, dass wir auf Wegen der Gerechtigkeit gehen müssen, und lernen, glaubensvoll für diese Brüder und Schwestern zu beten.

Der dritte Segen, um den Jabez in seinem Gebet bat, „dass du mich doch segnen mögest!", war der Segen, selbst zum Segen zu werden.

„Herr, mach mich zum Segen" bedeutet nicht, „Herr, lass mich heute jemanden glücklich machen." Es bedeutet, „Herr, schaffe dein Leben in mir, damit jedes Mal, wenn ich spreche, Leben bei anderen geschaffen wird."

Um für andere zum Segen zu werden, müssen wir uns von dem Wunsch befreien, als wichtige Persönlichkeiten und durch unsere Rechtschaffenheit andere Menschen beeindrucken zu wollen.

„Es hat mir gut gefallen“, bekam ich oft nach einem Gottesdienst zu hören. „Wirklich unterhaltsam. Sie haben viel Humor in Ihrer Botschaft – es macht Spaß zuzuhören, und man kann es sich leicht merken.“

Das gefiel mir immer, doch dann packte mich Gott, und ich wurde von Ihm auf eine reifere Art und Weise ergriffen.

„O Gott, ich will die Menschen nicht unterhalten!“, weinte ich. „Ich will ein *Segen* sein! Ich will die Menschen nicht einfach nur zum Lachen bringen – ich will, dass sie dein Leben durch mich fließen sehen und es für sich selbst empfangen. Ich will keine Aufmerksamkeit für meinen Namen. Ich will den Namen Jesu erhöhen, damit Er Leben verwandeln kann. Ich will dein Werkzeug sein, um Menschen lebendiges Wasser zu geben, damit sie nicht mehr dürsten. Ich möchte bei anderen Glauben wecken, die Befreiung, die mein Leben wiederhergestellt hat, in ihr Leben bringen. Ich will eine dauerhafte Arbeit tun. Ich will, dass das Leben, das du durch mich weitergibst, bestehen bleibt.“

Abraham wusste, was es bedeutete, ein Segen zu sein. Gott hatte zu ihm gesagt: „Im Segen werde ich dich segnen“ (1. Mose 22,17, umschrieben). Wenn ich das las, dachte ich immer, es sei eine sprachliche Verdoppelung. Ich konnte es mir nicht vorstellen. Und dann erkannte ich, dass Gott sagte: „Abraham, ich werde dich dazu befähigen, zum Segen für andere Menschen zu werden. Und dadurch, dass du andere Menschen segnest, werde ich dich segnen.“ Das ist das, was ich jetzt den Segen der Nützlichkeit nenne.

Neben dem Segen vom Herrn – dem Segen Seiner Gegenwart – ist der Segen der Nützlichkeit eine der größten Segnungen, die Gott Seinem Volk gibt.

In den Jahren, in denen ich als Beraterin arbeitete, fand ich, dass mit das Tragischste bei den Menschen ihr Gefühl der Nutzlosigkeit war, das Gefühl, dass sie niemand brauchte. Nichts ist zerstörerischer als Nutzlosigkeit. Die Slumgegenden großer Städte werden von den Ausgestoßenen der Gesellschaft bevölkert – darunter sind gebildete Persönlichkeiten, sogar Geschäftsleute –, die in ihrem Leben an einen Punkt gekommen sind, an dem sie sagen: „Niemand braucht mich; niemand will mich", und sie wenden sich dem Alkohol zu und vertrinken ihr Leben.

Menschen aller Altersstufen brauchen das Gefühl, dass jemand sie braucht, dass sie etwas weitergeben können, was im Leben eines anderen fehlt. Gott schuf uns mit dem Wunsch, nützlich zu sein, und Er sagt: „Wenn mein Segen auf einem Leben und in einem Leben liegt, werde ich dich in diesem Segen segnen, indem ich dich gebrauche. Ich werde dich zahlreich machen. Du wirst Söhne und Töchter haben, die durch dich Segen empfangen und wiederum selbst den Segen mit anderen teilen."

Echte Nützlichkeit heißt nicht nur, anderen Menschen zuzuhören, wenn sie von ihren Problemen erzählen; es heißt, ihren Bedürfnissen mit der Kraft, die in Ihnen ist, zu dienen.

Bevor ich das verstand, war ich jahrelang ein guter geistlicher Mülleimer. Ich hatte einen dicht schließenden Deckel, konnte eine Menge aufnehmen und hatte genug Verstand, es oft genug dem Herrn auszuschütten, damit ich nicht überlaufen und die ganze Gemeinde um mich herum verschmutzen würde. Ich plapperte das, was mir vertraulich gesagt wurde, nicht aus; ich verhielt mich nicht wie eine Klatschbase in der Nachbarschaft, sondern ich leerte alles vor dem Herrn aus, wenn ich für die Menschen mit den schrecklichen Problemen Fürbitte tat. Inzwischen waren sie damit beschäftigt, sich wieder mit Müll anzufüllen. Das Ergebnis war ein nicht enden wollender Kreislauf, und ich täuschte mich, wenn ich dachte, dass ich die Familie Gottes segnete.

Eines Tages dämmerte es mir, dass ich dieselben Menschen immer und immer wieder anhörte, dass sie noch immer von denselben alten Problemen erzählten, dass sie Tag für Tag, Woche für Woche denselben Müll ausschütteten. Was immer ich ihnen „Gutes" tat, war sehr kurzlebig.

„Gott, es muss eine Antwort darauf geben!“, schrie ich zu Ihm. „Diese Richtungslosigkeit macht mich kaputt.“

„Im Segen werde ich dich segnen“, schien Er zu sagen. „Wenn du tief in dir genug von mir empfangen hast und beginnst, anderen zu dienen, dann kann es Heilung und Veränderung in ihnen geben.“

Der *echte* Segen der Nützlichkeit findet sich nicht in der Ausübung der Gaben und Talente, die der Herr uns gegeben hat, sondern im Fluss Seines Lebens durch uns. Wir könnten eines Tages erleben, dass die sogenannte Nützlichkeit aus den Werken unserer Hände oder unseres Talents zum Predigen, Singen oder etwas anderem den Menschen einfach keinen Segen mehr zu bringen scheint.

„Was ist geschehen, Herr?“

„Ich erschüttere alles, was gehen kann. Das Einzige, was ich übrig behalten möchte, ist reines Gold.“

„Wie kann ich dann Menschen segnen, Herr?“

„Nur indem du mein Leben durch dich fließen lässt, um ihr Leben anzurühren. Sonst nicht.“

Manche Diener des Herrn finden dies heute heraus – auf die schwierige Weise. Sie predigen so, wie sie schon immer gepredigt haben, veranstalten genauso viele kostenlose Abendessen – doch anstatt eine große Menschenmenge anzuziehen, stoßen sie sie ab. Ihre Gemeinden werden leer. Sonntag für Sonntag starren ihnen leere Bänke entgegen. Diese Diener des Herrn sind völlig ratlos.

„Ich weiß nicht, was ich falsch mache!“, klagen sie jedem, der ihnen zuhört.

Es geht nicht darum, dass sie etwas falsch machen; das Programm ist genauso gut wie immer. Sie tun nur einfach nicht genug von dem, was richtig ist – Zeit im Gebet zu verbringen, damit Gott Seine Gemeinde durch sie so leiten kann, wie Er es möchte.

Wenn Gott andere durch Sie segnet, segnet Er gleichzeitig auch immer Sie. Außerdem sagt Er, dass Er es auch anders herum tut: „Ich will segnen, die dich segnen …“ (1. Mose 12,3). Es gibt nichts Besseres als eine solche Abmachung: ich segne dich; du segnest mich. Gott segnet dich dafür, dass du mich segnest, und Er segnet mich dafür, dass ich dich segne. Wir gewinnen alle dabei.

Manchmal sagen Menschen: „O, wenn die Worte doch auch so aus mir herausströmen würden wie bei Ihnen, wenn Sie predigen, ich wäre so froh.“ Andere sagen: „Wenn ich so singen könnte wie Shirley.“ Oder: „Würde ich doch die Taubstummensprache so beherrschen wie Joanne …“

Jeder sieht die Schönheit des Segens, die durch das Leben eines anderen kommt. Es ist an der Zeit, zu erkennen, dass das kleinste Talent in uns, unser schwächste Lächeln einen unendlichen Kreislauf des Segens in Gang setzen kann.

Paulus sagte, dass wir unser Christenleben nicht mit dem anderer vergleichen und nicht versuchen sollen zu beweisen, dass wir geistlicher sind als unser Nachbar. Wir sollen uns nur mit dem von Jesus aufgestellten Standard vergleichen.

Es ist nicht gut für uns, uns mit anderen zu vergleichen.

„Wäre ich doch nur wie X. Könnte ich doch nur so gut beten oder singen wie Y. Würde ich die Bibel doch nur so gut verstehen wie Z …“

Wenn wir uns so fühlen, als fehlte es uns an etwas, tun wir nichts anderes, als über unsere jeweiligen Unzulänglichkeiten und Defizite zu klagen. Wir müssen erkennen, dass Gott jeden von uns als ein einzigartiges Wesen geschaffen hat. Keiner soll die Kopie eines anderen Menschen sein.

Früher hatte ich in meinem Herzen die Sehnsucht, wie mein Bruder Judson zu sein. Ich hatte eine solch hohe Achtung vor ihm – er war in seiner Auslegung der Bibel so redegewandt; er konnte die Schriftstellen wie ein Theologe darlegen; und er hatte ein Herz für die Menschen. Judson unterliefen nie so dumme, unangenehme Fehler wie mir, die die Menschen entmutigten.

„Herr, wenn ich doch nur so klug wäre wie Judson“, betete ich immer wieder. Ich dachte, wenn ich lange genug in seine Fußstapfen trete, könnte ich mehr wie er werden. Wir arbeiteten zehn Jahre lang zusammen. Nach dieser Zeit blickte ich auf uns beide und erkannte, dass ich nie so werden könnte wie er, egal, wie sehr ich mich auch anstrengte. Gleichzeitig sprach der Herr zu meinem Herzen und sagte: „Das stimmt, Iverna. Doch wenn du aufhörst, dich in deinem Leben und in deinem Dienst nach Judson auszurichten, wirst du *mich* mit der Zeit widerspiegeln.“

Viele Menschen glauben, dass der Herr, wenn Er sie segnen will, einfach kommt und es tut, ohne dass sie darum bitten müssten. „Und wenn Er mich nicht segnen will“, sagen sie, „nun, dann ist es auch in Ordnung. Ich werde Ihn trotzdem weiter preisen.“ Doch in der Bibel heißt es, dass wir bitten sollen. Jabez kam dieser Aufforderung nach. Er wollte Segen, also bat er darum und bekam ihn.

Ich habe dasselbe Gebet gesprochen wie Jabez und bat Gott, dass Er mich doch segnen möge. Normalerweise wäre es für eine Geschiedene, noch dazu im Reisedienst, ziemlich unmöglich, wohlhabend zu sein und Freude, Frieden, Glück, Leben und Sieg in Jesus zu haben, ich habe all diese Dinge, weil ich Gott darum gebeten habe, mich zu segnen. Ich habe gelernt, dass ich ohne Seinen Segen weniger als nichts bin.

Als ich begann, in die Segnungen Gottes einzutauchen, war ich zunächst so schüchtern, dass ich nur auf Zehenspitzen am Rand des Wassers herumtappte. Es dauerte jedoch nicht lange, bis ich lernte, ins Tiefe einzutauchen, voller Zuversicht, dass Er mich halten würde.

Eine Zeit lang lief für mich alles gut, wie bei Abraham. Doch eines Tages wurde etwas von ihm gefordert. Gott sagte: „Abraham, liebst du deinen Sohn Isaak wirklich?“

„Ob ich Isaak liebe? Herr, ich ließ es mir nie träumen, dass ich einmal ein Kind *haben* würde, und Isaak ist ein *solch* wunderbares Kind! Er ist so gerecht, so hübsch, so gehorsam – genau wie du versprochen hast. Er ist der Samen, aus dem dein Segen kommen wird, er ist eine solche Freude für Sarah und mich …"

„Gut", sagte der Herr. „Jetzt möchte ich, dass du mit ihm spazieren gehst und ihn mir auf einem Altar opferst."

Als Abraham den Jungen auf den Altar gelegt hatte, fragte ihn Isaak. „Papa, es ist vielleicht eine dumme Frage, aber was ist hier los? Ich meine, wo ist das Opfer? Ich hoffe, es ist nicht so, wie es aussieht …"

„Sohn, Gott wird für das Opfer sorgen", sagte Abraham zu ihm.

Sogar als er das Messer schon erhoben hatte und bereit war, es in die Brust seines verheißenen Sohnes zu stoßen, glaubte Abraham noch dem Versprechen Gottes, dass aus Isaak viele Nationen entstehen würden.

Es kann eine Zeit in unserem Leben kommen, in der Gott sagen wird: „Nimm den Segen, den ich dir gegeben habe, und leg ihn auf den Altar. Nimm ein Messer und schlachte das, was du liebst."

„Nein, Gott!", protestieren wir schreiend.

„Warum ist es so schwer für dich, dieses Opfer zu geben?", könnte Gott uns fragen. „Weißt du nicht, dass alles, was du hast, von mir kommt? Es macht mich traurig, dass du es für dich behalten willst. Du solltest wissen, dass ich dich nur um etwas bitte, damit ich dir etwas Besseres geben kann."

Abraham hatte dieses Problem offensichtlich nicht. Er war bereit, seinen Sohn zu töten, nicht weil er ein super-geistlicher Fanatiker war, sondern weil er daran glaubte, dass Gott sein Versprechen einhalten würde. Die Schwangerschaft und Geburt Isaaks waren von Anfang an ein Wunder. Abraham konnte glauben, dass Gott noch ein Wunder tun würde – ein Auferstehungswunder –, um ihm das Leben seines Sohnes wiederzuschenken.

Wir sollen nicht hartnäckig an unseren Segnungen hängen und sagen: „Gott, das könnte ich dir nie geben."

Gott antwortet vielleicht: „Natürlich kannst du mir das nicht geben. Es gehört mir ja schon. Alles, was du zu haben glaubst, gehört eigentlich mir.“

Isaak war, genau wie sein Vater, ein Mann des Glaubens und des Gebets. Doch Isaaks Söhne waren bereits vom Tage ihrer Geburt an verlottert und unmöglich. Jakob war ein lügender, betrügerischer junger Mann, der das Erstgeburtsrecht und den Segen haben wollte. Er schaffte es, das Erstgeburtsrecht zu bekommen, indem er Esau austrickste, und als er auch noch den dazugehörigen Segen wollte, sagte seine Mutter: „Mach dir keine Sorgen, Sohn. Ich werde mithelfen, damit du ihn bekommst.“

In Jakobs weiterem Leben behandelten ihn die Menschen genauso schlecht, wie er vorher andere behandelt hatte. Als ihn sein Onkel Laban betrog, fing Jakob keinen großen Streit an, da er wusste, dass er es nicht anders verdient hatte.

Doch Gott war nicht einmal am Ergebnis interessiert. Er war daran interessiert, Seine Segenszusagen an Abraham, Isaak und Jakob zu erfüllen. Und damit sie bereit würden für das, was Er ihnen zugesagt hatte, musste Er Ordnung in ihr Leben bringen.

Warum denken wir, dass es bei uns anders wäre? Warum beten wir, „dass du mich doch segnen mögest“, und beschweren uns dann über Gottes Handeln an uns. Er bereitet uns darauf vor, Gefäße zu werden, die die Segnungen, die Er für uns vorbereitet hat, zu empfangen und aufzunehmen.

Jakob hatte einmal eine direkte Begegnung mit Gott. In einer Vision sah er Engel eine Treppe vom Himmel zur Erde hinunter- und hinaufsteigen (1. Mose 28,12), und der Herr stand neben ihm und versprach, ihn und seine Nachkommen zum Segen zu machen (1. Mose 28,13-14). Und schließlich rang der Sohn Gottes selbst die ganze Nacht mit Jakob.

Gegen Morgen bekannte Jakob, was in seinem Herzen war: „Ich lasse dich nicht los, bevor du mich segnest“ (1. Mose 32,26, Gute Nachricht).

Hosea 12,4 sagt uns, dass Jakob Macht über die Engel hatte. Er weinte und suchte Gottes Gunst und errang den Sieg. Sein Gebet wurde erhört.

Warum bieten wir Ihm nur fünf Minuten Gebet an und erwarten, dass Er ein Werk tut, anstatt die ganze Nacht mit Gott zu kämpfen? Wir beten: „Herr, ich bringe dir heute diese Gemeinde, und ich bete, dass du den Pastor anrührst. Bitte arbeite an seinem Assistenten. Sei mit den Gemeindeleitern. Bitte rühr auch sie an. Schenke Veränderung. In Jesu Namen. Amen."

Wir beten es einmal, dann warten wir. Während die Monate vergehen, beschweren wir uns: „Ich weiß nicht, was ist. Ich denke, Gott hat kein Interesse daran, unsere Gemeinde zu segnen."

Jakob kämpfte für das, was er wollte. Und der Herr sagte: „Ich lasse dich wegen deiner Hartnäckigkeit und Ausdauer den Sieg erringen. Ich werde dir ein Zeichen geben, damit du dich an diese Nacht erinnerst!" Er berührte Jakob am Hüftgelenk, und von da an erinnerte jeder hinkende Schritt Jakob daran, dass Gott derjenige war, der *wirklich* den Sieg errungen hatte. Er wollte Jakob an den Punkt bringen, damit Er ihn segnen *konnte.*

Er möchte uns an denselben Punkt bringen. Diese große Vollmacht ist ein gesegnetes Vorrecht, das Gott der Gemeinde gegeben hat. Diese Vollmacht sagt uns allen: „Kommt! Ihr habt einen Lebenszweck, jeder von euch. Ich habe euch die Macht gegeben, Zeugen zu sein, die Macht, das Salz der Erde und Licht zu sein, das die Finsternis vertreibt, ich sage euch: Ihr seid meine Jünger." Heutzutage ist eine außergwöhnliche Lehre über „Jüngerschaft" verbreitet, die es manchen Menschen fast unmöglich macht zu glauben, dass wir wirklich Jünger sind. Als Paulus sagte: „Werdet meine Nachahmer, gleichwie ich Christi!" (1. Kor. 11,1), meinte er: „Ihr kennt Jesus nicht so genau, wie ich Ihn kenne. Beobachtet also mich, und ich werde Ihn euch offenbaren." So sollen wir die Aufgabe verstehen, Menschen zu Jüngern zu machen; wir sollen Menschen helfen, Jünger Jesu zu werden, nicht unsere eigenen Jünger. Nicht einmal der Heilige Geist lehrt uns über sich selbst, sondern er offenbart immer Jesus. Der Segen, nützlich zu sein, zu dem uns alle unser Herr berufen hat, ist der Segen Seines Lebens in uns, das dann von uns weitergegeben wird.

4

„Wer wird stehen?"

Viele von uns sind zum Berg Gottes hinaufgestiegen. Wir haben erlebt, was es heißt, an diesen heiligen Ort zu kommen, an dem wir wussten, dass wir in der Gegenwart Jesu waren und den Segen *vom* Herrn genossen. Welch süße Gemeinschaft hatten wir dort mit Ihm!

Danach sind wir immer wieder heruntergestiegen. Es ist eine Sache, in die Gegenwart Gottes zu kommen; dort zu bleiben, bei Ihm zu stehen, ist etwas anderes. Manchmal sind wir es müde, immer wieder hinauf- und hinabzusteigen. Wir sehnen uns danach, immer in Seiner Gegenwart zu bleiben, und fragen uns, wie wir dies erreichen können.

Der Psalmist stellt sich dieselben Fragen wie wir:

> *Wer wird auf den Berg des Herrn steigen? Und wer wird stehen an seiner heiligen Stätte? (Ps. 24,3)*

Als der Psalmist die Fragen stellte, erhielt er einige Antworten. Die Bibel gibt uns mehrere deutliche Schlüssel, wie wir im Reich Gottes bleiben können. Doch wenn wir nicht wissen, wie wir das erste Mal dorthin gelangt sind, werden wir auch nicht wissen, wie wir wieder dorthin gelangen können.

„Ich weiß nicht, wie ich dahin kam. Es geschah einfach. Ich saß in der Gebetsversammlung, lobte Ihn, und plötzlich war ich direkt am heiligen Ort. Der Herr war dort, ich verneigte mich, tanzte, sang und lobte Ihn. Es war herrlich!"

„Warum bist du nicht dort geblieben, wenn es so toll war?"

„O Mann, ich wäre *gestorben*, wenn ich dort geblieben wäre. Es war einfach zu viel. Ich musste wieder herunterkommen."

„Was willst du jetzt tun?"

Ich werde natürlich versuchen, wieder hinzukommen. Ich werde versuchen, den Berg hinaufzusteigen."

„Das betrifft jeden von uns, Herr. Du bringst uns durch deinen Geist dorthin, und dann bemühen wir uns, aus unserer eigenen Kraft nochmals dorthin zurückzugelangen. Kein Wunder, dass wir versagen. Vergib uns, Herr, dass wir je gedacht haben, wir könnten das tun, was nur du allein schaffst. Herr, bitte nimm mich wieder mit hinauf auf den Berg.

Der nächste Vers aus Psalm 24 offenbart, wer dort stehen kann.

> *Wer unschuldige Hände hat [tadellose, reine Hände] und reinen Herzens ist, wer seine Seele nicht auf Trug richtet und nicht falsch schwört (Ps. 24,4).*

Das Wort „Hände" spricht über äußere Taten, über die Dinge, die wir tun. Wenn wir das tun, was recht ist, und uns davor hüten, zu tun, was falsch ist, werden unsere Hände unschuldig sein. Dann erfüllen wir eine Bedingung, um auf den Berg Gottes zu kommen und dort zu bleiben, das ist der dauerhafte Segen des Herrn.

Die zweite Bedingung ist ein reines Herz. Das Wort, das in dieser Bibelstelle für „rein" verwendet wird, bedeutet *leer*. Ein reines Herz ist ein Herz, das leer von uns selbst ist, leer von unseren Problemen, leer von allem anderen, damit es völlig von Gott gefüllt werden kann.

Jemand, der seine Seele nicht auf Trug richtet und nicht falsch schwört, ist jemand, der sich nicht des Stolzes, der Unehrlichkeit oder Falschheit schuldig gemacht hat. Jeder einzelne dieser Charakterzüge kann uns zerstören.

Derjenige, der an Seinem heiligen Ort stehen kann, muss

durch Reinheit seiner äußeren Taten diese innere Heiligkeit seiner Einstellung widerspiegeln, die ein Werk der Gnade ist.

Heute finden wir unter Gottes Volk weniger falsche Einstellungen als achtlose Taten. Jemand, der in Sünde handelt, jemand mit befleckten Händen versucht selten, seine Sünden als richtiges Handeln zu verteidigen. Normalerweise gibt er zu, dass seine Hände befleckt sind.

„Ich weiß, dass ich nicht richtig handle, aber …“ Er sagt etwa Folgendes: „Der Herr kennt meine Verfassung, meine Bedürfnisse und versteht meine Schwachheit.“

Jemand anders könnte bekennen: „Ich weiß, dass ich X bitten müsste, mir zu vergeben, doch ich kann mich einfach nicht überwinden, es zu tun.“

Menschen, die so bewusst Gottes Wort gegenüber ungehorsam sind, können nicht auf dem heiligen Berg stehen. Sie werden ständig hinauf- und hinuntersteigen müssen, hinauf, hinunter, und müssen sich mit ein paar Spritzern an Herrlichkeit zufrieden geben, die von den unschuldigen Händen und reinen Herzen der übrigen Leute in der Versammlung kommen. Sie werden nicht in der Gegenwart des Herrn bleiben können, wenn die Versammlung beendet ist. Sie werden den Weg zum Parkplatz zittern, vorsichtig gehen, voller Angst, dass sie den Segen verlieren, bevor sie ihr Auto finden. Gleich wenn diese Menschen aus einem Gottesdienst herausgehen, in dem Gottes Volk mit Seiner Gegenwart genährt und gestärkt wurde, fühlen sie schon, wie die alte, hohle Leere an ihnen zerrt. Vielleicht murren sie sogar, weil sie nicht verstehen, was geschehen ist.

„Ich verstehe nicht, wie manche Leute sagen können, dass sie *immer* in der Gegenwart des Herr bleiben. Bei *mir* ist das nicht so.“

Kein Wunder.

Man braucht Übung, um der ständigen Gegenwart des Herrn gegenüber sensibel zu werden. Doch wenn wir diesen Punkt erreicht haben, dürfen wir wie Moses nach mehr rufen:

„Herr, jetzt, weil ich mit dir gehe, zeig mir deine Herrlichkeit!“ (2. Mose 33,17, umschrieben).

Dies ist der Ruf der Gemeinde heute, der Ruf der Braut, die auf die Rückkehr ihres Bräutigams wartet. Sie ist nicht mehr damit zufrieden, Ihn von Zion her zu loben, sie möchte mit Ihm verheiratet sein und unablässig mit Ihm enge Gemeinschaft auf Seinem heiligen Berg haben.

Die Stimme des Bräutigams antwortet ihr und sagt: „Du kannst diese Beziehung zu mir haben, nicht weil du so viel betest und bittest, sondern weil deine Hände unschuldig sind und dein Herz rein ist.“

Wir zahlen einen schrecklichen Preis, wenn wir nicht bereit sind, Seine Bedingungen anzunehmen, wenn wir nicht bereit sind, unsere Hände zu waschen und unser Leben von allem falschen Tun zu reinigen. Wir zahlen zunächst einmal den Preis der Selbstannahme, denn wir hassen uns selbst für nichts mehr als für unseren Ungehorsam gegenüber Gott. Wir zahlen auch den Preis für dauernde Kämpfe, nicht nur gegen uns selbst, sondern gegen die Welt. Wenn andererseits unsere Wege dem Herrn gefallen, lässt Er sogar unsere Feinde mit uns Frieden schließen (Spr. 16,7).

Ich habe dies in meinem eigenen Leben bestätigt gesehen. Vor einigen Jahren hatte ich auf einem bestimmten Gebiet Probleme und erlebte, dass ich mir Feinde schuf, was ich überhaupt nicht wollte.

„O Gott“, betete ich, „wenn dir meine Wege nicht gefallen, zeig mir bitte, was ich falsch mache.“

„Halte deine Augen auf mich gerichtet, Iverna, und auch deinen Mund, dann werden wir gut miteinander auskommen. Deine Wege werden mir gut gefallen und ich werde mich für dich um deine Probleme und deine Feinde kümmern, wie ich es in meinem Wort versprochen habe.“

Als ich Gehorsam gelernt hatte, erlebte ich, dass Er es tat. Durch Seine souveräne Gnade vollbrachte Er Wunder über Wunder und stellte sogar Freundschaften wieder her, die zerbrochen waren.

Unsere Zeit ist keine Zeit, in der die Gemeinde geteilt sein, in Stücke zerbrochen, trauern soll. Es ist eine Zeit, in der die Generation, die den Herrn sucht, darauf vorbereitet ist, auf dem heiligen Berg zu *stehen.*

Früher waren die meisten von uns krisenorientiert. Wir waren gerettet, mit dem Heiligen Geist erfüllt, körperlich und in unserem Herzen geheilt und dachten, das sei alles. Daher zogen wir aus und brachten Menschen herein, damit auch sie gerettet, erfüllt und geheilt würden. Am nächsten Tag zogen sie mit uns aus, und wir brachten zwei weitere mit. Die Gläubigen vermehrten sich. Es war wunderbar. Das Volk Gottes heute ist nicht mehr mit dem gegenwärtigen Zustand zufrieden und ruft wie die Braut: „Mach mich bereit zur Hochzeit! Nimm all meine Flecken, Falten und Kratzer weg, wie du versprochen hast!“

Er hört diesen Ruf und reagiert darauf. Viele Christen sind überrascht, wenn sie sich selbst beten hören. Sie können in den Worten, die aus ihrem Mund kommen, Gottes Willen für sich hören.

„O Gott, reinige mich! Mach mich weißer als Schnee!“

„Ich höre dieses Gebet, Tochter.“

In diesem Moment macht sich die Beterin Gedanken. Sie möchte die Worte packen und wieder nach unten kramen, doch Gott hat sie gehört, also muss sie darangehen, das Gebet ein bisschen abzuschwächen.

„Bitte reinige mich nicht von allem auf einmal, Herr. Reinige mich immer nur ein bisschen.“

Ich kann mir vorstellen, wie der Herr zum Hüter des himmlischen Lagers sagt: „Gabriel, haben wir hier oben irgendwo eine halbe Reinigung?“

Als dieses Streben nach Heiligkeit begann, hörte ich Prediger immer wieder verkünden: „Jesus kommt bald. Vielleicht schon morgen.“

Anstatt mich zu freuen und meine Stimme mit denen zu

vereinen, die laut riefen: „Ja, Herr. Komm schnell. Komm schnell, Herr Jesus“, wollte ich, dass Er noch etwas wartete. Ich dachte, dass Er warten würde, weil Er wusste, in welchem Zustand ich war. Ich war sicher, dass Er mich so nicht nehmen würde, dass mich aber auch die Hölle nicht nehmen würde. Ich musste irgendwo dazwischen stecken, doch ich glaubte nicht an das Fegefeuer. Die ganze Situation schien mir hinsichtlich meines persönlichen Schicksals ziemlich unsicher. Daher wurden meine Gebete inbrünstiger.

„Reinige mich, o Gott, und erkenne meine Gedanken. Sieh, ob in mir noch böse Wege sind, und wenn du welche findest, wirf sie hinaus. O Gott, ich möchte nicht jeden Tag, jeden Monat, jedes Jahr aufs Neue mit diesem alten Schmutz in meinem Leben zu dir kommen müssen. Ich möchte darauf vorbereitet werden, auf deinem heiligen Berg zu *stehen.*“

Warum begannen andere Menschen und ich, so zu beten? Warum baten wir Gott plötzlich, uns zu reinigen, zu vervollkommnen und Jesus ähnlicher zu machen? Wir hätten schon jahrelang so beten *können*, doch es war uns nicht in den Kopf – oder ins Herz – gekommen. Doch plötzlich ist die Zeit gekommen, in der der Heilige Geist die Braut für den Bräutigam vorbereitet. Der Heilige Geist ist derjenige, der das Wesen unserer Gebete veränderte, daher konnte Er uns mit dem Brautschmuck schmücken, mit der Gnade des Wesens und den Kennzeichen Gottes, damit wir Ihm untadelig vorgestellt werden können.

„Hier ist deine Braut, Sohn. Ist sie nicht wunderbar?“

Käme Jesus heute, würde Er keine wunderbare Braut vorfinden; Er würde eine Braut finden, die gespalten ist durch Eifersüchteleien und Unvergebenheit. Er wartet darauf, dass wir bereit, vollkommen und ganz werden.

Diejenigen, die dafür sorgen, dass sie unschuldige Hände und ein reines Herz haben, die ihre Seelen nicht der Eitelkeit verschreiben noch unrecht schwören, werden „Segen vom Herrn und Gerechtigkeit von Gott, der sie gerettet hat, bekommen. Dies ist die Generation derer, die ihn suchen ...“ (Ps. 24,5-6, umschrieben).

Die Bibel lehrt uns, dass diejenigen, die danach suchen, den Segen Gottes empfangen werden; dass sie das gerechte Leben von Gott, der sie errettet hat, genießen, und auf seinem heiligen Berg bleiben werden.

Die Generation, in der wir leben, ist ganz sicher die Generation derer, die Ihn suchen. Wenn wir auf die Kirchengeschichte zurückblicken, finden wir keine ganze *Generation*, die Ihn sucht, nur hier und da ein paar einzelne Menschen. Heute hat fast jede Konfession Mitglieder, die den Herrn suchen. Gebetsgruppen entstehen auch in solchen Kirchen, die nichts vom Heiligen Geist zu wissen scheinen. Es wird der Tag kommen, an dem diese Menschen auf ihren Knien sind und sich beten hören, ohne es zu verstehen: „Gib mir mehr von dir, Herr.“ Er wird sagen: „Ich höre dieses Gebet“, und sie mit Seinem Heiligen Geist erfüllen.

Wir beweisen dem Herrn nicht durch stundenlanges Gebet, dass wir Ihn suchen. Es ist wichtig, dass wir das verstehen, denn manche Menschen glauben, dass sie den Herrn nicht suchen, weil sie nicht täglich mehrere Stunden auf den Knien sein können.

Eine Frau in meiner Bekanntschaft kam jeden Morgen zur Gebetsstunde in die Gemeinde.

„Es ist nicht gerecht“, beschwerte er sich. „Du bekommst so viel durch dein Beten, und mich lässt du im Staub zurück. Ich sehe, dass sich dein geistliches Leben viel schneller weiterentwickelt als meines, dabei soll *ich* das geistliche Haupt unseres Hauses sein. Aber ich habe nicht so viel Zeit zum Beten wie du.“

Als mir die Frau das berichtete, fragte ich sie, ob ihr Mann zu einem Gespräch kommen würde.

„Ich werde Ihnen ein Versprechen geben“, sagte ich zu ihm. „Wenn Sie Gott die Zeit geben, die Sie *wirklich haben*, werden

Sie genau so schnell wie Ihre Frau wachsen. Zeigen Sie mir Ihren Tagesablauf."

Er sagte mir, wann er zur Arbeit fuhr, um wie viel Uhr er nach Hause kam, welche anderen zeitintensiven Verantwortungen er hatte. Ich war beeindruckt. Er war zweifellos ein *vielbeschäftigter* junger Mann. Doch es gab eine Lösung.

„Sind Sie bereit, eine halbe Stunde früher aufzustehen, um diese Zeit mit dem Herrn zu verbringen, bevor Sie morgens zur Arbeit fahren?"

„Ja, für meine Bibellese und meine Gebetszeit."

„Gott kennt die Umstände", versicherte ich ihm. „Er wird nicht denken, dass Sie Ihn austricksen. Können Sie das zwei Monate lang versuchen, und die Hälfte der Zeit davon mit Gott sprechen und die andere Hälfte zuhören, was Er Ihnen durch Sein Wort zu sagen hat?"

Er willigte ein und es geschah etwas Großartiges. Gott öffnete ihm Sein Wort auf solch mächtige Weise, dass sein ganzes Leben verändert wurde. Heute ist er selbst ein Diener des Evangeliums.

Gott kommt es nicht auf die *Zeitdauer* an; es kommt auf die Qualität der Zeit an, die wir in Seiner Gegenwart verbringen. Wenn wir wissen, dass wir zwei Stunden mit Ihm verbringen könnten, Ihn aber austricksen und Ihm nur schlappe fünfzehn Minuten geben, werden wir auch nur ein Achtel des Segens bekommen, den wir sonst empfangen würden. Doch wenn wir nur fünfzehn Minuten Zeit haben und sie Ihm von ganzem Herzen geben, wird unser Krug überlaufen.

Die Bibel sagt uns, dass wir zuerst das Reich Gottes und Seine Gerechtigkeit suchen sollen; dann wird uns alles andere, was wir brauchen, überreichlich zufallen (Matth. 6,33).

Warum sollen wir die Gerechtigkeit Gottes suchen? Weil die Welt keine eigene Gerechtigkeit hat, die sie uns anbieten kann. Ungerechtigkeit ist so weit verbreitet, dass wir sie schon überall regelrecht erwarten. Wir wurden dazu erzogen, allem, was wir hören und sogar der Hälfte dessen, was wir mit unseren eigenen Augen sehen, zu misstrauen.

Ich erwarte zum Beispiel, nahezu von jedem Autoverkäufer angelogen zu werden. Wenn ich in einen Verkaufsraum gehe, frage ich den Verkäufer: „Wie viel kostet dieses Auto?“

„Nun, eigentlich kostet es 4000 Dollar, doch *Ihnen* gebe ich es für 3500 Dollar. Es ist das beste Auto, das ich hier stehen habe.“

„Wahrscheinlich ist es gerade 2000 Dollar wert“, denke ich mir. „Und es wird auseinanderfallen, bevor ich zu Hause angekommen bin.“

Das ist schrecklich, doch darauf sind wir heutzutage getrimmt.

Wir vertrauen nicht einmal mehr darauf, dass Christen ehrbar sind. Sogar wenn alles in juristischer Sprache auf Papier niedergeschrieben und ordnungsgemäß notariell beglaubigt ist, fürchten wir, dass der andere sich aus seinem Teil der Abmachung herauswinden könnte.

Vor kurzem machte ich in Philadelphia eine Stadtführung mit, und der Führer kramte ein wenig amerikanische Geschichte hervor, während wir herumgingen.

„Früher unterschrieben unsere Vorväter fast nie etwas“, erklärte er. „Sie trafen eine Vereinbarung und besiegelten sie mit einem Händedruck. Sie waren durch ihr Wort gebunden und konnten sich vollständig darauf verlassen. Das war beim Einkaufen so, im Beruf und in der Regierung.“

Als ich hörte, was der Führer darüber sagte, wie es in den „guten alten Zeiten“ war, schrie mein Geist auf: „O Gott, wenn das Leben doch nur richtig und gerecht sein könnte! Wenn ich nur sagen könnte: Bruder, ich werde! und er würde wissen: Sie sagte, sie wird, und sie wird auch. Welch eine wunderbare Welt wäre das. Ich würde gern in einer solchen Welt leben.“

„Du wirst in einer solchen Welt leben“, erinnerte mich der Heilige Geist. „Wenn Er als König der Könige und Herr der Herren regieren wird, wird Sein Wille auf Erden wie im Himmel geschehen – Ehrlichkeit, Fairness und Wahrheit werden überall in diesem vollkommenen Königreich sein."

Menschen, die sich auf falsche Handlungsweisen eingelassen haben, werden erst auf dem heiligen Berg stehen, wenn sie ein neuer Mensch in Jesus Christus geworden sind und ihre Vergangenheit hinter sich gelassen haben.

Heutzutage versuchen viele Menschen, bei Psychiatern, in Selbsthilfegruppen und Gruppentherapien mit den schlechten Dingen aus ihrer Vergangenheit fertig zu werden. Sie wollen sich dadurch selbst erkennen. Ich verurteile solche Anstrengungen keineswegs, doch ich habe festgestellt, dass sie im Allgemeinen fruchtlos sind. Das Letzte, wozu sie wahrscheinlich dienen, ist wahre Selbsterkennung. Wenn sich Menschen selbst erkennen, sind sie meist entmutigt, weil das, was mit ihnen nicht stimmt, nicht durch noch so viel In-Sich-Hineinhören in Ordnung gebracht werden kann.

Was die meisten Menschen in solchen Gruppen lernen, kann in der Bemerkung zusammengefasst werden, die eine Frau machte, nachdem sie mehrere Monate lang Therapiesitzungen besucht hatte. „Nun, ich habe gelernt, dass ich sogar noch mehr Probleme habe, als ich zu Beginn dachte. Doch das ist in Ordnung. Alle anderen haben diese Probleme auch."

Das Bewusstsein darüber, dass wir Probleme haben und alle anderen auf der Welt sie auch haben, muss uns nicht zur Verzweiflung bringen. Zugegebenermaßen birgt die Tatsache, dass wir in uns selbst herumkramen, in sich Frustration und Nutzlosigkeit, da wir uns nicht selbst ändern können. Doch für den Gläubigen gibt es eine andere Sichtweise. Gott weiß, dass unser Herz betrügerisch und bösartig ist, doch Er kann uns ändern. Wenn Gott uns unser Ich offenbart, können wir auf Ihn wie in einen Spiegel blicken, der Seine Herrlichkeit widerspiegelt, und können schrittweise von Ehre zu Ehre verändert werden, von Licht zu Licht, von Offenbarung zu Offenbarung. Gott offenbart uns schrittweise Dinge über uns selbst, sobald wir mit diesem Wissen umgehen und mit Seinem Heiligen Geist zusammenarbeiten, wird Er eine Änderung herbeiführen.

Wir haben alle schon erlebt, dass uns etwas offenbart wurde – vielleicht eine schlechte charakterliche Eigenschaft – und wir daraufhin dachten, das sei unser einziger Fehler. Als der Heilige Geist in uns diesen bestimmten Fehler behoben hatte, riefen wir: „Halleluja! Ich bin so froh, dass ich meinen Fehler los bin.“ Wir dachten, dass wir jetzt rein und fehlerlos seien, ohne Runzeln oder Makel. Doch dann lenkte der Herr unsere Aufmerksamkeit vorsichtig auf etwas anderes, das auch verschwinden musste.

„*Zwei* Fehler! Ich kann es nicht glauben!“ Doch wir mussten es glauben und fanden allmählich heraus, dass bei uns nicht nur zwei, sondern eher zweihundertzweiundzwanzig Dinge falsch waren. Als der Herr fertig war, uns von diesen vielen Dingen zu reinigen, tauchte von irgendwoher wieder ein Bündel an Fehlern auf. Es stellt sich heraus, dass es eine Lebensaufgabe ist, Jesus immer ähnlicher zu werden.

In meiner Jugendzeit dachte nicht nur ich, dass wir Gott nicht brauchen, um uns heilig zu machen. „Wir können das selbst“, erklärten wir Ihm. Wir ließen unsere Haare wachsen und toupierten sie hoch; wir schminkten uns so, dass es schlimm aussah, puderten uns weiß wie Geister und verzichteten auf kräftige Farben beim Lippenstift. Wir trugen unsere Bibeln immer bei uns – große Bibeln –, um für unser Zeugnis zu werben.

Die Welt sah uns an, zeigte mit dem Finger auf uns und japste: „Seht mal, Kinder. Sie sind so, wie man *nicht* sein soll.“

Doch dann geschah die souveräne Ausschüttung des Heiligen Geistes auf alles Fleisch. Wir erlebten, wie Seine Söhne und Töchter zu prophezeien begannen, Seine Alten Träume und Seine jungen Männer Visionen hatten. Als uns der Heilige Geist die Augen für die Realität öffnete, taten wir Buße.

„Aber, Herr, wir wollten doch nur heilig sein“, brachten wir zu unserer Entschuldigung vor.

„Ich habe euch nie befohlen, dass ihr euch selbst heilig machen sollt“, erinnerte Er uns. „Ich sagte, ihr würdet heilig *sein.* Ich bin der Einzige, der euch heilig machen kann.“ Echte Heiligkeit besteht aus der Gegenwart des Herrn, nicht aus bestimmten Haarschnitten, Make-up oder dem Verzicht auf Make-up. In Seiner Gegenwart müssen wir nicht darüber nachdenken, was richtig und falsch ist. Das Licht Seiner Gegenwart zeigt es uns.

Heute befindet sich Gottes Volk in der Feuerprobe. Das Feuer wurde unter dem Topf entfacht, wir fühlen den großen Schöpflöffel des Heiligen Geistes, der hineintaucht und die Unreinheiten abschöpft, die durch Gottes Handeln an uns an die Oberfläche kommen. Vor einigen Jahren waren wir begeistert, als wir hörten, wie Gott an Seinem Volk arbeitete. Wir fingen alle an zu beten: „O Gott, arbeite auch an mir.“ Und Er erhörte dieses Gebet.

Heute rufen viele von uns. „O mein Gott, was tust du mit mir? Warum lässt du zu, dass mir diese schrecklichen Dinge passieren?“

„Ich beantworte nur dein Gebet“, erklärt Er uns. Wenn wir darüber nachdenken, erkennen wir, dass das Negative, das in unserem Leben geschah, *in Wahrheit* Gottes Werkzeug war, uns von Unrat zu befreien, und dass immer mehr von dem, was in uns bleibt, wie reines Gold aussieht. Wir werden darauf vorbereitet, auf diesem heiligen Berg zu stehen.

Als ich den Herrn bat, mich mit dem Heiligen Geist zu erfüllen, war es herrlich, doch ich wusste nicht, was mit mir geschah. Zuerst fühlte ich mich, als wäre ich verrückt. Ich sprach in fremden Sprachen und genoss das Ganze.

Danach, als ich wieder Dinge tat, die ich früher schon getan hatte, schien etwas in mir auf einen Knopf zu drücken und „Halt!“ zu rufen.

„Hey, wer bist du?“, brüllte ich.

„Ich bin der Anwalt des Herrn und soll Seine Interessen hier in Seinem Tempel wahren“, antwortete der Heilige Geist in mir. „Du kannst diese bestimmte Sache nicht mehr tun.“

Mein ganzes unheiliges fleischliches Wesen war empört.

„Was meinst du damit, ich kann es nicht tun? Ich habe es vierzig Jahre lang getan.“

„Ich weiß, doch jetzt ist es vorbei. Jetzt ist in deinem Leben Schluss damit.“

„Aber, Heiliger Geist, ich bin moralisch frei, zu handeln wie ich will.“

„Nein, jetzt nicht mehr. Du hast darum gebeten, dass der Tröster in dein Leben kommt, und hier bin ich. Ich muss meinen Job erfüllen, und ich sage dir, dass du dich nicht wohl fühlen wirst, wenn du mit diesem falschen Benehmen weitermachst.“

„Nun, dann enthebe ich dich hiermit deiner Pflichten, Tröster. Ich bin froh darüber, dass du in meinem Leben bist, doch ich bitte dich, dich in mir zurückzuhalten, denn ich möchte weiterhin das tun, wozu *ich* Lust habe.“

„Bist du da sicher?“

„Ganz sicher.“

„In Ordnung. Tu, was du willst, aber es wird dir nicht gefallen.“

Und es gefiel mir tatsächlich nicht. Ich nenne es Magerkeit der Seele. Ich erlebte das ganze Elend von Jona. Ich fand heraus, dass rückfällig werden bedeutet, rückwärts zu gehen, und das auch noch bergauf. Jeder um mich herum sah fröhlich aus, doch ich fühlte mich elend, weil ich meinen eigenen Willen tat, nachdem ich das Licht erlebt hatte.

Der Heilige Geist in mir ließ mich wissen, wie Er über mich dachte:

„Dies stößt mich ab. Ich hasse es, du nicht?“ Ich musste Ihm gegenüber ehrlich sein. Außerdem kannte Er die Antwort schon.

„Ja, ich hasse es auch“, gab ich zu. „Aber ich will es mögen.“ Ich hatte den Grenzpunkt schon überschritten, und mir wurde langsam bewusst, dass die Welt für mich nie wieder dieselbe sein würde. Nichts Kleineres als die Herrlichkeit, der man einmal ausgesetzt wurde, kann einen jemals wieder zufrieden stellen, egal, wie sehr man es vorgibt, egal, wie sehr man es auch versucht.

Ich musste auf der Grundlage einer vollkommenen Verpflichtung zum Herrn zurückkehren.

Ich besuchte Gottesdienste, in denen ich mich so trocken wie Staub fühlte, Gottesdienste, in denen der Leiter mit Freudentränen im Gesicht aufstand und rief: „O, der Geist des Herrn ist an diesem Ort!“ Menschen um mich herum hatten sichtbar Gänsehaut und sagten: „Herrlich! Ist das nicht wunderbar!“ Doch ich fühlte nichts.

Der Feind tippte auf meine Schulter und flüsterte mir zu: „Schämst du dich denn nicht? Du hast jegliche Sensibilität gegenüber dem Geist Gottes verloren, Iverna.“

Er schaffte es gewöhnlich, mich unter einen Geist der Verdammnis zu bringen, doch durch diesen Prozess habe ich erkannt, womit es wirklich zusammenhängt. Ich fing an mich zu langweilen, wenn die Ebene der Gegenwart des Heiligen Geistes nicht höher war als die, auf der ich gewöhnlich jeden Tag ging. Ich stand morgens schon mit dieser Menge an Segen und Salbung auf. Kein Wunder, dass mir manche Gottesdienste nicht spektakulär vorkamen. Ich sehnte mich nach einer stärkeren Gegenwart des Herrn als nur dieser. Er rief mich weiter nach oben.

Manchmal blicke ich um mich und sehe, dass das Volk Gottes auf eine mögliche Trübsal völlig unvorbereitet ist. Sie können schon jetzt, zu einer Zeit, in der der Segen des Herrn auf sie ausgeschüttet wird, in der Ströme des Lebens über sie fließen, kaum auf dem Berg Gottes stehen. Inmitten von Gesundheit und Wohlstand schütteln sie den Kopf und rufen: „Ja, ich kenne den Segen des Herrn jetzt, aber – o Gott, hilf mir! – ich weiß nicht, wie es morgen sein wird.“

Wenn wir fürchten, dass unser Glaube und unsere Liebe erschüttert werden, sollten wir das Fundament, auf das wir gebaut haben, untersuchen. Wenn unser Fundament Jesus, der Fels, ist, können wir von den ganzen Mächten der Hölle nicht erschüttert werden. Wenn wir das wirklich wissen, kommen wir vielleicht sogar so weit, dass wir alle Erschütterungen als eine Art vibrierendes geistliches Rubbeln willkommen heißen, das sich für uns großartig anfühlt.

5

„Erweitere meine Grenzen"

Nachdem Jabez Gott gebeten hatte, ihn zu segnen, betete er, dass der Herr seine Grenzen erweitern möge. Das Wort „Grenze" bedeutet hier „Begrenzung, Gebiet, Gegend". „Erweitern" bedeutet, in jeder Hinsicht vergrößern. Jabez bat darum, dass Gott sein Gebiet erweitern, es in jeder Hinsicht vergrößern möge.

Es ist für das ganze Volk Gottes an der Zeit, dass sein Gebiet vergrößert wird. Dieses Erweitern beginnt mit einer Erweiterung unseres Herzens. Der Prophet Jesaja sprach darüber:

> *Hebe deine Augen auf und siehe um dich ... Wenn du solches siehst, wirst du vor Freude strahlen, und dein Herz wird klopfen und weit werden (Jes. 60,4-5).*

Im Alten Testament bezieht sich das Wort *Herz*, wie es hier gebraucht wird, auf unseren Willen, unseren Verstand und unsere Gefühle. Wenn Gott unser Herz weit macht, erweitert Er unser ganzes Sein. Wir beginnen zu sehen, was Er tut; wir beginnen die Zusagen Gottes auf uns anzuwenden.

Auf jedem Dienst im Leib Christi muss ein Segen der Erweiterung liegen. Dies bedeutet auch, dass jeder Dienst gereinigt werden muss.

Gott versucht Sein ganzes Volk so weit zu bekommen, dass jeder den Wunsch nach Vollkommenheit in seinem Leben hat und betet: „Herr, ich habe ein großes Kopfwissen über deinen Willen. Bring jetzt mein Leben auf eine Ebene mit diesem Wissen. Lass mich anfangen, wirklich auf deinen Wegen zu wandeln, damit ich einen erweiterten Dienst zu deiner Ehre haben kann."

Ich musste das auch für mein Leben beten. Es gab eine Zeit, in der Gott bei mir fast alles durchgehen ließ, doch eines Tages stellte Er mich.

„Was hältst du davon, die Lücke zu schließen, Iverna? Bring deinen Dienst entweder herunter auf die Ebene, auf der du lebst, oder lass mich dein Leben hinaufbringen auf die Ebene, auf der du dienst."

„Herr, es wäre doch für mich viel einfacher, meinen Dienst auf die Ebene meines Lebens herunterzubringen, oder?"

„Was glaubst du, wie viel Leben du jetzt hast?", forderte Er mich heraus. Sofort erkannte ich, dass ich mich besser dafür entschied, mich von Ihm verändern zu lassen.

Der Herr versucht unablässig, uns alle höher hinaufzubringen. Er fragt: „Willst du wirklich ein Segen sein? Willst du wirklich anderen Menschen helfen können? Dann lass mich deine Grenze erweitern. Lass dein ganzes Leben so reif werden und auf so hohe Ebenen steigen, wie du sie nie gekannt hast."

Wir sollen den Ölstand des Heiligen Geistes in uns so überprüfen, wie wir mit dem Messstab den Ölstand in unseren Autos prüfen. Wenn das Öl niedrig ist, brauchen wir mehr vom Heiligen Geist, bevor wir anderen zeigen, wie sie das Rennen laufen sollen.

Eine Zeit lang gab es im Leib Christi keine Offenbarungen, die die Welt großartig erschüttert hätten. Uns wurde jahrelang Zeit gegeben, das anzuwenden, was Er uns gezeigt hatte. Ich spüre, dass Er bereit ist, uns wieder etwas zu offenbaren, doch zuerst müssen wir in dem wandeln, was Er uns bereits gesagt hat. Wir müssen gehorsam und bereit sein zu lernen.

Gott streitet nicht mit uns, um uns zu zeigen, dass wir nicht alle Antworten kennen; Er hält uns nur das Becken vor. Das Becken ist das Gefäß, in das die Priester jedes Mal blickten, wenn sie sich darauf vorbereiteten, das Allerheiligste zu betreten. Das Wasser im Becken spiegelte das Bild des Priesters wider.

Eines Tages, als ich in Gottes Waschbecken blickte, dachte ich: „ O mein Gott! Ich dachte, ich sähe besser aus!“

„Ich weiß“, sagte Er sanft. „Deshalb lasse ich dich ja hineinblicken.“

Ich ging zurück ins Wort, um mich reinigen zu lassen.

Für einen Prediger im Reisedienst ist es leichter, auf seinem Niveau stehen zu bleiben, als für andere Diener. Da ich eine ganze Tasche voller Botschaften habe, die Gott mir in der Vergangenheit gegeben hat, könnte ich dienen, ohne jemals wieder eine Bibel aufzuschlagen. Viele Menschen können den Unterschied zwischen frischem und altem Brot nicht erkennen. Doch ich preise Gott dafür, dass Er eine Unruhe in mich gelegt hat, die sagt: „Ich will täglich etwas von Gott hören. Ich möchte Tag für Tag etwas vom Herrn bekommen. Ich möchte, dass mein Wissen von Ihm so vermehrt wird, dass Er mich zu einem Segen machen kann.“

Wenn wir beten, dass Gott unsere Grenzen erweitert, bitten wir darum, dass unsere Vorurteile, Ängste und alle anderen negativen Eigenschaften aus uns weggenommen werden, damit wir mit dem Geist fließen und in unserer Sorge für andere über uns selbst hinauswachsen können.

Meine Generation hat einen Aufhänger, den die nächste Generation nicht hat. Ich wuchs zur Zeit der Spätregen-Bewegung auf, die zu Beginn eine echte Heimsuchung Gottes war. Doch leider wurde diese Erfahrung von uns nicht immer mit Erkenntnis verbunden und daher an manchen Orten sehr einseitig. Die Menschen wollten nicht ihr Wissen erweitern, sondern nur einfach ihre Gefühle genießen. Der Fluss der Liebe war so groß, dass sie bis zur freien Liebe gingen. Der Fluss der Prophetie war so wunderbar, dass sich niemand damit abgab, sie zu prüfen.

Die Menschen erwägten es nicht einmal mehr zu prüfen, und daher übernahmen sie viele Dinge, die gar nicht von Gott waren. Als Folge wurde die Ausgießung des Heiligen Geistes nur noch einigen wenigen zuteil – den reifen Christen, die im Licht Seines Wortes lebten und der Geist ihnen Verstehen eingab.

Es gab so große Exzesse, dass uns Menschen daraufhin jedes Mal, wenn Gott begann, sich in Seiner Souveränität zu bewegen, warnten: „Seid lieber vorsichtig im Umgang mit dem Heiligen Geist, man kann so leicht getäuscht werden. Vergesst nicht, was mit den Leuten vom Spätregen geschah." Angst vor Täuschung hielt nur manche davon ab, die wahre Gegenwart Gottes zu suchen.

Wenn man Liebe missversteht, bedeutet das nicht automatisch, dass eine Liebe unecht ist. Uns ist befohlen zu lieben, doch wir sollen im Willen Gottes lieben. Missbrauch der Prophetie bedeutet daher auch nicht, dass Prophetie an sich weg muss. Wir sollen Prophetien nicht verachten (1. Thess. 5,20), sondern sie prüfen. Wenn wir den biblischen Vorkehrungen folgen, können wir uns in Freiheit ohne Angst bewegen, und wir brauchen den Heiligen Geist nicht niederzudrücken.

Als ich zum ersten Mal meine Hände zum Lob Gottes hochhob, wogen sie fünfhundert Pfund. Später dachte ich, unsere Gemeinde wäre zu irgendeiner dämonischen Aktivität verleitet worden, als eine Frau unsere Jugendlichen lehrte, vor dem Herrn zu tanzen. Als ich meine Bibel hervorzog und dachte, am besten sei es, sie mit dem Wort Gottes zu überzeugen, wurde stattdessen ich überzeugt und an *mir* gearbeitet. Das Wort sagte: „Sie sollen seinen Namen loben im Reigen ..." (Ps. 149,3). Zu meiner großen Überraschung erfuhr ich, dass Tanzen vor dem Herrn stark empfohlen wird. Gott sprach durch den Propheten und sagte: „Siehe, ich will etwas Neues tun, jetzt wird es hervorsprossen ..." (Jes. 43,19).

Diese Prophetie hat sich in jeder vorhergehenden Generation erfüllt, und jetzt erfüllt sie sich in unserer Generation.

In manchen Konfessionen wurde gepredigt, dass diese neuen Dinge geschehen würden. Doch als es überall ringsumher zu geschehen begann, blieben sie stehen und ließen nicht zu, dass ihre eigenen Grenzen erweitert wurden.

„O das ist einfach zu viel“, beschwerten sie sich. „Wir wollen von diesem Exzess nicht überrannt werden …“

Wir werden Exzesse sehen, bis Jesus zu Seiner Braut zurückkommt, bis das Vollkommene offenbart wird. Es wird immer Menschen geben, die vor dem Herrn tanzen, nur weil andere tanzen, und nicht, weil sie vom Heiligen Geist geführt werden. Kritiker werden sagen: „Nun, ich habe viel Fleischliches gesehen.“ Ich sage ihnen immer: „Ich bin sehr froh darüber. Es wäre ja ziemlich komisch gewesen, wenn sie nur einen Haufen entkörperter Geister gesehen hätten.“

Für jede Fälschung gibt es etwas Echtes. In bestimmten Situationen gibt es vielleicht zehn Fälschungen für eine echte Manifestation des Heiligen Geistes, doch für mich bedeutet dies: „Mir ist das Echte plötzlich klar geworden.“

Als ich in einer Bank arbeitete, sah ich manchmal Falschgeld, das wirklich echt aussah.

„Ich weiß nicht, wie ich jemals den Unterschied erkennen kann“, sagte ich dem Bankier.

„Ich zeige es Ihnen“, sagte er. Er nahm eine echte Dollarnote, legte sie neben eine falsche. Ich konnte den Unterschied sofort erkennen.

„So erkennen Sie eine Kopie“, erklärte der Bankier. „Sie legen sie neben das Original und vergleichen beide.“

Derselbe Test funktioniert auf geistlichem Gebiet. Anstatt hinten zu stehen und mit den Fingern auf Fälschungen zu zeigen, sollten wir das Original werden und uns neben das stellen, was nur Imitation ist. Dadurch wird die Fälschung offenbar, und der Herr kann an demjenigen arbeiten, der dadurch getäuscht wurde.

Vor einiger Zeit tat ich Dienst in Kanada. Ich war lange genug dort, um zu wissen, dass Kanadier normalerweise zurückhaltender als wir in den Vereinigten Staaten sind; daher erwartete ich nicht, dass der Heilige Geist auf mächtige Weise wirken würde. Doch als ich aufstand, um zu dienen, hatte ich eine dieser doppelten Portionen Salbung. Ich hielt sie nicht zurück; ich schüttete sie einfach über ihnen aus. Diese armen, rechtschaffenen Kanadier wurden einer offensichtlichen Ausschüttung des Heiligen Geistes ausgesetzt.

Am zweiten Abend der Konferenz hörte ich mich beim Altarruf sagen: „Ich möchte nur Pfingstler hier vorne am Altar."

Es erschreckte mich, und innerlich schrie ich auf: „Was will ich? Gott, du machst Witze. Ich habe noch nie in meinen Leben so etwas gesagt."

Doch Er achtete nicht auf meinen Protest. Er ließ mich einfach wie eine furchtlose Löwin weitersprechen.

„Ich weiß nicht, wer ihr seid", sagte ich zu den Menschen, „und ich weiß nicht, wo ihr seid, doch Gott weiß es, und er hat euch auserwählt. Wir werden ein Lied singen, und währenddessen möchte ich, dass ihr nach vorne kommt."

Das Nächste, was ich sah, waren etwa dreihundert Menschen, die mich anblickten. Ich wusste nicht, was ich jetzt tun sollte, denn Gott hatte es mir noch nicht gesagt. Daher versuchte ich Zeit zu gewinnen, indem ich sie bat, das Lied noch einmal zu singen.

Während wir sangen, hielt ich ein Gespräch in meinem Inneren ab.

„Gott, wofür hast du sie hierher geholt?"

Er antwortete nicht, bis wir zu Ende gesungen hatten. Dann hörte ich: „Mach deinen Mund auf, Iverna."

Das tat ich, und Folgendes kam heraus:

„Ihr Pfingstler solltet euch heute Abend in der Gegenwart Gottes schämen, denn mit eurem Hintergrund kritisiert ihr die Charismatiker in eurer Gemeinde. Manche von euch müssen Dinge in Ordnung bringen, und ich werde euch – jetzt, in diesem Augenblick – dazu die Gelegenheit geben."

Gott kam durch, und der Himmel brach auf. Ich beobachtete, wie Mütter und Töchter sich umarmten, Dinge zwischen ihnen in Ordnung brachten; ich beobachtete Menschen, die im Gemeindesaal von vorne nach hinten und von hinten nach vorne rannten – Pfingstler und Charismatiker, die weinten, sich gegenseitig umarmten und segneten. Im ganzen Raum wurden Grenzen erweitert.

Als es vorüber war, ließ mich der Herr predigen.

Am nächsten Morgen kam eine kleine Frau auf mich zu und sagte: „Ich war eine derjenigen, die gestern Abend nach vorne kamen. Ich bin die Frau eines Pfingstpredigers, und ich habe die Charismatiker stark verurteilt. Noch schlimmer, ich habe mich geweigert, die charismatische Bewegung als eine Bewegung Gottes anzuerkennen. Ich wusste vor diesem Altarruf nicht, dass sie von Gott ist. Jetzt hat Gott mich ganz verändert. Bitte beten Sie, dass ich, wenn ich nach Hause fahre, diese Offenbarung der Wahrheit, dass Gott etwas Neues tut, irgendwie weitergeben kann.“

Ich lobte den Herrn, dass sie nicht mehr hinten stehen, sich widersetzen, abwägen, betrachten, sich sorgen und wundern musste, sondern dass sie bereit war, Gott ihre Grenzen erweitern zu lassen.

Manchmal beginnt der Herr, unsere Grenzen zu erweitern, indem Er unseren Erfolg wegnimmt. In den letzten Monaten haben mir Diener des Herrn und Pastoren im ganzen Land immer wieder gesagt: „Wir sind frustriert. Dinge, die immer funktionierten, wirken jetzt einfach nicht mehr. Werbung, Sonderprogramme, Flohmärkte und Besucherwettbewerbe ziehen die Menschen nicht mehr so wie früher an.“

Anstatt sie zu bemitleiden, lernte ich zu sagen: „Halleluja!“

Der Blick in ihren Augen drückt aus: „Hey! Was ist mit Ihnen los? Ich dachte ja schon immer, dass Sie ein bisschen verrückt sind, aber jetzt ...“

„Es zeigt mir, dass Gott Seine Hand auf Ihrem Leben hat“, sage ich ihnen. „Er hat einen göttlichen Plan, um zu vergrößern, zu erweitern, und dafür muss Er Altes wegnehmen. Er macht es absichtlich so, dass die alten Methoden nicht mehr funktionieren *können*. Er *und* Sein Volk werden erst durch den Fluss Seines Lebens durch Sie zufrieden gestellt."

Wenn es je eine Zeit gab, in der die Gemeinde das Gebet des Jabez, „Erweitere meine Grenzen", zu ihrem persönlichen Gebet machen musste, dann jetzt. Wir waren in unserer Vergangenheit durch unsere alten Lehren, unsere vorgefassten Meinungen und unsere Vorurteile so begrenzt, dass wir Angst davor hatten, dem Wirken des Heiligen Geistes zu vertrauen.

„Es ist für mich in Ordnung, wenn andere Menschen in die Hände klatschen oder ihre Arme in die Höhe strecken, um ganz aufgeregt über den Herrn zu werden, aber das ist nichts für mich", höre ich Menschen sagen. Sie haben ihre Vorstellungen über das Wirken Gottes auf das beschränkt, was sie in der Vergangenheit erlebten. Sie sind nicht bereit, die Macht Gottes für ihr eigenes Leben und ihre Gemeinden zu empfangen.

Jesus sagte: „Selig [in einer beneidenswerten, glücklichen Lage] sind, die nach der Gerechtigkeit hungern und dürsten; denn sie sollen satt werden!" (Matth. 5,6). Das griechische Wort für satt heißt „gefüllt".

Manche Menschen gehen hungrig, ausgehungert nach Gottes Dingen in Versammlungen. Er nährt sie, und sie werden gesegnet. Andere sitzen da, sind überhaupt nicht hungrig und fühlen sich deshalb schuldig. Das Gebet des Jabez „Erweitere meine Grenzen", ist gut für sie. Sie können es mit in ein Gebet aufnehmen, in dem Sie bekennen, wo Sie sich selbst befinden.

„O Gott, ich bin so zufrieden mit dem, was ich habe. Ich bin so zufrieden damit, wo ich bin, dass ich nicht mehr von dir gesucht habe. Ich bekenne das als Sünde in mir und bitte dich jetzt, meine Grenzen zu erweitern. Vergrößere in mir das Bewusstsein darüber, wer du bist. Mach mich fähig, dich hochzuhalten, und lass deine heilige Gegenwart den Tempel erfüllen. Erweitere meine Grenzen so, wie du willst, damit ich mehr von dir erfassen kann. Wirke in meinem Leben, bis ich das wahre Herz Gottes für dein Volk habe."

Wenn wir anfangen so zu beten, beginnen wir, geistlich zu reifen.

Das Leben Abrahams, so wie es uns im Alten Testament berichtet wird, ist das Bild eines Mannes, dessen Grenzen großartig erweitert wurden:

> *Und der Herr sprach zu Abram: Geh aus von deinem Land und von deiner Verwandtschaft und von deines Vaters Hause in das Land, das ich dir zeigen will! So will ich dich zu einem großen Volke machen und dich segnen und dir einen großen Namen machen, und du sollst ein Segen sein.*
> *Ich will segnen, die dich segnen, und verfluchen, die dir fluchen; und durch dich sollen alle Geschlechter auf Erden gesegnet werden! (1. Mose 12,1-3).*

Was musste Abraham tun, um Gottes Segen der großen Erweiterung seiner Grenzen zu empfangen? Sein Land, seine Verwandtschaft, das Haus seines Vaters, alles, was er kannte, alles, was Sicherheit und Erfolg darstellte, musste er verlassen.

„Doch wohin soll ich gehen, Herr?“, hat Abraham vielleicht gefragt.

„Ich werde es dir zeigen, wenn du ausziehst“, könnte Gott ihm geantwortet haben.

„Du bittest mich hier um ein riesiges Opfer, Herr“, hat Abraham vielleicht protestiert. „Meine Heimat verlassen und gehen, gehen, gehen, ohne zu wissen, wohin. Was werde ich dafür bekommen?“

„Ich werde dich segnen“, versprach der Herr. „Ich werde deine Grenzen großartig erweitern.“

Irgendwie genügte Abraham das; er verließ seine familiäre Umgebung und ging mit dem Herrn.

Den meisten Christen fällt es schwer, mit dem Herrn zu gehen. Gehen schließt wachsen mit ein, und wie können wir uns dem verweigern? Wir würden uns lieber irgendwo an einem bequemen Ort niederlassen. Wenn der Heilige Geist schließlich in uns daran gearbeitet hat, um unseren Widerstand zu überwinden und unsere Grenzen zu erweitern, indem Er uns geholfen hat, auf einer neuen Glaubensebene zu gehen, sagen wir: „Wow! Ich bin so froh, dass es vorüber ist. Es war ein echter Kampf. Jetzt kann ich mich eine Zeit lang ausruhen. Halleluja!"

Doch das ist nicht das, was der Herr im Sinn hat.

„Was tust du?", fragt Er uns.

„Ach, ich stehe fest, Herr", erklären wir Ihm, freuen uns über unseren Fortschritt und aalen uns vor Vergnügen über unsere neu erweiterten Grenzen.

„Aber ich hatte im Sinn, dass du weitergehen solltest", sagt Er uns.

Abraham ging weiter, und immer wenn er an einen Ort kam, an dem es kein Wasser gab, grub er einen Brunnen.

Wir tun das nicht. Wenn wir an einen Ort kommen, stürzen wir uns lieber auf die neueste Zeitung und suchen nach Brunnen, die schon andere gegraben haben. Wir erkundigen uns, ob es eine Ortsgruppe der Christen im Beruf oder der Geschäftsleute des vollen Evangeliums gibt, eine geisterfüllte Gemeinde, eine charismatische Gebetsgruppe …

Doch Gott will uns heute beibringen, dass wir neue Brunnen graben müssen. Deshalb hat Er uns dahin gebracht, wo wir uns befinden (Apg. 17,26-27).

„Hier ist ein Spaten", sagt Er uns. „Fang an zu graben."

Gott hat uns in Seinem Wort gesagt, dass Sein Heiliger Geist in uns ein *Brunnen* ist und aus uns *Ströme* lebendigen Wassers kommen werden (Joh. 7,37-39). Der Brunnen ist zu unserem Nutzen, doch wir müssen ihn aufdecken und fließen lassen, damit Gott ihn dazu gebrauchen kann, andere Menschen zu segnen. Wenn wir beginnen, den Herrn zu preisen, fließt Seine Gegenwart heraus, um Seinen Namen zu erhöhen.

Es scheint manchmal so, als würde uns der Herr aus einer bequemen grünen Oase ausgraben, in der alles wunderbar ist, und uns in einer trockenen Wüste inmitten eines durstigen

Volkes aussetzen. Dieses Volk ist in einem schlechteren Zustand als wir, weil es keinen Brunnen hat. Der Brunnen in uns kann jedermanns Durst stillen, wenn wir ihn den Fluss des Lebens, nämlich Jesus, erzeugen lassen.

„Hey, Jungs, wo ist der Brunnen?“, mögen wir bei unserer Ankunft an dem trockenen Ort rufen.

„Hör mal zu“, sagen sie uns. „Wir sind hier am Verdursten. Hier gibt es meilenweit keinen Brunnen. Aber wir haben gebetet, dass Gott uns Wasser zeigt. Ehrlich gesagt, wir sind kurz davor, aufzugeben, weil wir keinerlei Anzeichen für Leben sehen …“

„Gebt nicht auf“, rufen wir plötzlich. „Es gibt einen Fluss …“

Wenn wir anfangen, ihnen mit dem Wort Gottes zu dienen, wird unser Brunnen wieder aktiv. Aus unserem Innersten fließen Ströme Leben spendenden Wassers. Segnungen kommen, unsere Grenzen werden noch mehr erweitert. Und eine neue Oase entsteht.

Wenn Christen zusammenkommen, um den Herrn zu loben, rühren sie den Glauben, der in ihnen ist, auf, und können mit ihren Spaten weitergehen. Sie können glauben, dass Gott durch ihren Dienst all denen Segen schenkt, die durstig sind. Das Wasser in ihnen wird immer klarer und reiner und segnet immer reichhaltiger.

Vor langer Zeit gruben Pfingstler einige Brunnen. Dann kamen die Charismatiker und gruben neue Brunnen. Die Brunnen der Pfingstler wurden mit Exklusivität und Gesetzlichkeit verstopft, und die von den Charismatikern gegrabenen Brunnen waren nicht sehr tief. Gott ließ es geschehen, damit niemand überheblich würde.

Als schließlich keiner von uns mehr mit dem zufrieden war, was Gott durch uns vollbracht hatte, entschieden wir uns, uns zusammenzusetzen und darüber nachzudenken.

„Wunderbar!“ Der Herr stand von Anfang an voll und ganz hinter unserem Zusammenrücken. Eigentlich war es sogar Seine Idee.

„Hier ist mein Spaten“, sagte Er; Er bot uns Sein geschriebenes Wort und Sein Fleisch gewordenes Wort als Werkzeuge an, um die Brunnen zu untersuchen, die nicht richtig funktionierten. „Wenn ihr Gebet und Lobpreis zusammen mit dem wirklichen Studium meines geschriebenen Wortes verwendet und wirklich in meinem Fleisch gewordenen Wort bleibt und beginnt zu graben, werdet ihr einen solchen Fluss lebendigen Wassers sehen, dass ihr staunen werdet. Lebendiges Wasser wird in jedem Tal hervorspringen; es wird Ströme lebendigen Wassers in den trockensten Wüsten geben; eure Arbeit für mich wird unermesslich groß werden.“

Doch das ist noch nicht das Ende. Gott lässt nicht zu, dass wir uns auf unserer neu gebildeten Oase oder unseren Lorbeeren ausruhen; Er befiehlt uns wie im Missionsbefehl, weiterzugehen und den Segen weiter zu verteilen.

Manche von uns glauben, dass wir ein Recht darauf hätten, zu Gott zu sagen: „Aber Herr, ich bin doch schon so weit gegangen. Ich kam aus dem engen Ort heraus, an dem du mich gefunden hast. Weißt du noch, wie ich war? Warum willst du, dass ich dauernd weitergehe? Ich bin schon aus diesem Ort heraus- und in ein viel weiteres Gebiet hineingekommen.“

„Ja sicher“, stimmt Er zu. „Du bist aus diesem Ort herausgekommen, aber du bist noch nicht an dem Ort, an den ich dich berufen habe, im Gelobten Land, in dem du ruhen kannst.“

Abraham musste weitergehen, bis er an den Ort kam, an dem der Herr ihn haben wollte, und wir müssen auch weitergehen. Es ist, als würde der Herr zu uns sagen: „Ja, du bist gegangen. Aber du musst weitergehen, weiter anwenden, weiter glauben, weiter annehmen, weiter hören, weiter tun, weiter zuhören, weiter sein ...“

Abraham hörte nicht auf zu gehen. Und jedes Mal, wenn er an einen vertrockneten Ort kam, grub er einen Brunnen.

Leider graben manche von uns lieber ein Grab: Anstatt durstig nach dem zu sein, was Gott uns geben kann, denken wir, es ist das Ende. Ich habe auf meinem Weg viele Gräber zurückgelassen, doch ich habe herausgefunden, dass es nicht das ist, was Gott für uns plant. Ich habe schließlich gelernt, mich zusammenzureißen und zu sagen: „Gott, es ist mir egal, wie trocken dieser Ort aussieht, ich vertraue dir, dass du lebendiges Wasser lieferst.“ Und so fange ich an, an Orten zu graben, an denen ich früher aufgegeben, mich auf die staubige Straße gestürzt und ein trockenes Grab hinter mir gelassen hätte.

Die Erweiterung unserer Grenzen ist nur dann beständige Realität, wenn wir auf Gott blicken, damit Er die Erweiterung liefert, auch dort, wo es unmöglich scheint.

Gott ruft Sein Volk dazu auf, in den widrigsten und hoffnungslos wirkenden Umständen und Situationen Brunnen des Lebens zu graben. Dort, wo wir gehorsam sind, erfüllt Jesus Seine Zusage, uns mehr als nur einen Schluck zu geben, uns einen Brunnen zu geben, damit wir und unsere Glaubensgeschwister nie wieder dürsten. Er macht Sein Volk zu einem ständigen Segen und segnet wiederum sein Volk dadurch. Wohin sie auch gehen, Er erweitert die Grenze Seines Königreichs.

Abraham ging immer weiter, und er grub immer weiter. Schließlich sagte Gott: „Abraham, du bist jetzt neunundneunzig Jahre alt. Ich möchte dir jetzt sagen, warum ich dich von aller irdischen Sicherheit und jeglichem Anspruch losgerissen habe.“ Dann setzte Er den Bund der Beschneidung ein. Die Gemeinde ist „die Beschneidung, die wir Gott im Geiste dienen und uns in Christus Jesus rühmen und nicht auf Fleisch vertrauen“ (Phil. 3,3). Manche von uns müssen unzählige Male allem Vertrauen auf das Fleisch absagen.

„Herr, ich weiß, dass ich nichts bin, wenn du mich nicht gebrauchst“, sagen wir mit unseren Lippen, während wir innerlich noch denken: „Ich bin wirklich ziemlich wunderbar.“ Doch Gott sieht unser Herz und schneidet weiterhin alles weg, was nicht Seinem Willen entspricht. Mit jedem Schnitt werden unsere Grenzen erweitert.

Wenn wir gehorsam sind, den Brunnen, den Gott in uns

gelegt hat, aufzudecken, wird ein solcher Reichtum an lebendigem Wasser hervorsprudeln, dass wir nie wieder Mangel leiden müssen. Gott kann uns aus jeder Situation herausreißen, uns in die Wüste stellen und sagen: „Ich möchte, dass du dieses Land bestellst, Tochter. Mach dieses öde Land fruchtbar."

Wir können sagen: „In Ordnung, Herr", und uns daranmachen, es zu tun. Wir sehen dann, wie dort Licht und Leben wächst. Menschen kommen und fragen: „Kann ich Wasser aus deiner Quelle trinken?"

„Natürlich, bitte sehr", werden wir antworten. „Dort, woher das kommt, gibt es mehr als genug. Meine Grenzen werden unablässig erweitert."

6

„Deine Hand sei mit mir“

Nachdem Jabez gebetet hatte, dass Gott ihn segnen und seine Grenzen erweitern möge, sagte er: „Gott, deine Hand sei mit mir.“ Das hier für „Hand“ verwendete Wort *yad* bedeutet eine geöffnete Hand, eine gebende Hand. Ich verstehe es so: Wenn ich darum bete, dass die Hand Gottes über mir sei, bitte ich Ihn darum, mir eine Anzahl von Dingen zu geben.

Zunächst bitte ich um Macht und Autorität. Im Alten Testament gab der König seinen Siegelring dem, der autorisiert war, für ihn zu sprechen, dem, der bevollmächtigt war, seine Macht und Autorität zu gebrauchen. Wenn sie den Ring anzogen und ihn auf einem offiziellen Dokument ins Wachs drückten, bedeutete es: „Der König selbst hat diese oder jene Sache befohlen.“

Jesus hat Seinen Nachfolgern auch solche Autorität gegeben. Im Grunde sagte Er: „Alle Macht gehört mir, und ich gebe sie euch. Hier ist mein Siegelring. Ich lege ihn in eure Hände.“ In der Bibel drückte Er es so aus:

> *„... sondern ihr werdet Kraft empfangen, wenn der Heilige Geist über euch kommt, und werdet Zeugen für mich sein ...“ (Apg. 1,8).*

Da Jesus uns Seine Macht und Autorität gegeben hat, können wir für jemanden, der zu uns kommt und sagt: „Ich habe ein großes Anliegen", mit der uns von Gott gegebenen Autorität beten:

„Im Namen Jesu Christi geschehe mit dir, was du erbeten hast."

Christen schenken der Macht und Autorität Satans oft mehr Glauben als der Autorität ihres Meisters. In charismatischen Kreisen wird häufig mehr über die Macht des Feindes gesprochen als über die Macht Gottes.

Als Jesus zurückkam, nachdem Er unten bei den Heiligen des Alten Testaments gepredigt hatte, offenbarte Er sich Seinen Jüngern und sagte: „Seht auf meine Hände." Ich denke, Er deutete weniger auf die Nägelmale, sondern wollte damit vielmehr sagen: „Satan versuchte meine Autorität zu zerstören, doch der Vater hat meinen Händen wieder Leben und Macht gegeben, und ich stelle sie dir vor, Gemeinde." Anders ausgedrückt, weil die Hand Gottes mit uns ist, haben wir dieselbe Autorität wie Jesus.

Als ich ein Kind war, spielten wir ein bestimmtes Spiel. Ich weiß nicht mehr, wie es hieß, doch es war so ähnlich wie Tauziehen.

„Auf wessen Seite steht ihr?", riefen wir einander zu.

„Ich bin auf der Seite des Herrn. Auf wessen Seite seid Ihr?", riefen sie zurück. Beide Parteien hoben ein langes Seil hoch, und wir beteten alle inbrünstig, dass die Seite des Herrn stärker sein würde als die Seite des Teufels. Sie war immer stärker – und ist es auch heute noch. Er, der in uns ist, ist stärker als der, der in der Welt ist. Wir brauchen vor nichts zurückzuschrecken, wenn die Hand Gottes mit uns ist.

Vor vielen Jahren besuchte ich eine Versammlung, in der ein Evangelist einen Film von seinen Reisen durch verschiedene Länder zeigte. Es war ein schrecklicher Film, er handelte nur von dämonischer Aktivität. Nach der Vorführung stand der Prediger auf und gab eine Erklärung ab.

„Liebe Gemeinde", sagte er. „Ich habe eine Vision gehabt. Über den ganzen Vereinigten Staaten von Amerika stehen Wolken voller Dämonen und warten darauf, im Land freigesetzt zu werden. Ich glaube, dass sie in einer Zeitspanne von weniger als zehn Jahren über den größten Städten Amerikas freigesetzt werden.“

Ich war wohl die Skeptischste unter den Zuhörern.

„O Mann“, stöhnte ich innerlich. „Dieser Typ ist nach Tibet gereist und hat Dämonen wie eine mächtige schwarze Wolke aus den Bergen kommen sehen; er ist nach Afrika gereist und war bei Medizinmännern. Wegen dem, was er bei seinen Reisen überall gesehen hat, ist er in eine Richtung gekippt. Jetzt denkt er, dass diese Dinge, die in weit entfernten Orten geschehen, nach Amerika kommen werden. Armer Junge!“

Doch er hatte Recht. Diejenigen, die naiv glaubten, dass die Aktivität des Teufels immer woanders sein würde, mussten aufwachen. Doch vor der Freisetzung dieser Dämonen gab es eine große Ausschüttung von Gottes Heiligem Geist, der uns dafür ausrüstete, mit ihnen umzugehen. Ich spreche hier nicht von Exorzismus, obwohl es das Vorrecht des Gläubigen ist, ihn bei Bedarf anzuwenden, sondern von dem Bewusstsein, dass Gott dem Gläubigen einen Schutz gegeben hat. Der Heilige Geist führte zu einer wachsenden Kenntnis der Macht Gottes in uns.

„Geliebte, wir sind nun Gottes Kinder“ (1. Joh. 3,2), lesen wir. Da wir diese Realität erfahren haben, wurden Mauern niedergerissen, die mächtige Gegenwart des Heiligen Geistes hat es ermöglicht, dass Christen aufeinander zugegangen sind, um miteinander Gemeinschaft zu erleben, und gaben Zeugnis von Gottes Befreiung und Schutz.

Mit der Ausgießung des Heiligen Geistes tauchten in aller Welt Lehrer auf – in Neuseeland, Amerika, Australien, Afrika, in arabischen Ländern – große Männer Gottes, mit einer Bürde auf dem Herzen, das Wort zu lehren. Pastoren, die nur regional bekannt waren, verließen ihre Gemeinden und begannen überall herumzureisen und dem Leib Christi zu dienen.

Hatte ihre Lehre ausreichend Zeit, um in denjenigen fest zu verwurzeln, die nicht nach dem Ratschluss der Gottlosen wandelten, konnte Gott sie als Bäume ans lebendige Wasser pflanzen (Ps. 1). Erst dann sagte Er zu den Dämonen: „In Ordnung. Jetzt könnt ihr eure Sache machen. Aber lasst mein Volk in Ruhe."

Und die Dämonen begannen, ihre Sache auszuführen, doch sie durften Gottes Volk nicht anrühren, daher taten sie es auch nicht.

„Tastet meine Gesalbten nicht an" (1. Chron. 16,22) bedeutet nicht: „Sprich nicht über deinen Pastor." Es ist Gottes Warnung an die Gottlosen: „Wagt es nicht, jemanden aus meinem Volk anzurühren, denn wenn ihr es tut, werden ihr Schwierigkeiten bekommen." Durch das ganze Alte Testament hindurch wies Gott warnend darauf hin, dass Sein Volk Sein Augapfel sei, und dass die Welt ihnen keine Schwierigkeiten machen solle. „Ich werde diejenigen segnen, die mein Volk segnen", sagte Er. „Außerdem, werde ich diejenigen verfluchen, die mein Volk verfluchen" (1. Mose 12,3, umschrieben).

Als Bileam von Balak dazu aufgefordert wurde, das Volk des Herrn zu verfluchen, konnte er es nicht. Alles, was aus seinem Mund kam, war: „Gesegnet sei das Volk des Herrn."

„Warte mal einen Augenblick, Junge", forderte ihn Balak heraus. „Wir bezahlen dich nicht dafür, dass du so etwas sagst. Schau noch einmal dorthin."

Bileam sah noch einmal hin, ein zweites und drittes Mal, und sagte: „Mann, alles, was ich sehen kann, ist, wie dieses Volk lagert – es erinnert mich an ein Kreuz. Gesegnet sei das Volk des Herrn!" Sozusagen als Entschuldigung erklärte er: „Gott hat gesegnet, ich kann es nicht zurücknehmen. Gott ist kein Mensch, dass Er lügen oder Seine Meinung ändern könnte" (2. Mose 23,19, umschrieben).

Christen heute lagern so wie die Israeliten damals, geschützt durch das Kreuz, durch den Schutz der Hand Gottes.

Ich bin kein Dämonen-Jäger, außer einer steckt seinen hässlichen Kopf zufällig dahin, wo ich gerade bin. Dann halte ich nichts davon, vor ihm zurückzuschrecken.

Vor einigen Monaten diente ich in einer Kirche im Osten der Vereinigten Staaten. Mit mir standen Älteste vorne, um für die Menschen zu beten, die sich vorne in Gebetsreihen aufgestellt hatten. Ein junger Mann mit einem grässlichen, lüsternen Blick kam zu mir.

„Bitte beten Sie für mich“, sagte er. „Ich kann diese Frau nicht ansehen, ohne sie zu begehren.“

Ich erkannte den Feind auf den ersten Blick.

„Sind Sie wirklich bereit, davon frei zu werden?“, fragte ich ihn.

„O ja“, antwortete er und genoss offensichtlich jeden Augenblick der Aufmerksamkeit, die er bekam.

Ich ging einen Schritt zurück und sagte: „In Jesu Namen ...!“

Mehr brauchte ich nicht zu tun. Der Dämon verließ ihn und der Mann wurde ohnmächtig. (Die meisten der Ältesten sahen so aus, als würden sie es ihm gleichtun.)

Wir brauchen keine Spezialisten für Dämonen zu rufen, um diese Dinge zu erledigen. Jesus hat jedem Christen, der sie annehmen will, diese Macht, diese Autorität gegeben. Ich spreche nicht über betrügerische Christen. Wenn Sie Spielchen spielen wollen, bleiben Sie lieber weg von Dämonen. Diejenigen, die mit Seinem Geist erfüllt sind und das Blut Jesu auf ihr Leben angewendet haben, können angesichts jeden Feindes völlig furchtlos sein. So wie ich das Wort Gottes verstehe, müsste der Teufel eigentlich von uns wegrennen, ohne dass wir auch nur ein Wort sprechen.

Der junge Mann stand schließlich wieder vom Boden auf, und einige Wochen später erhielt ich einen Brief von einem der Ältesten, der mir mitteilte, dass er die Fülle des Heiligen Geistes erhalten hatte und mit Gott ging.

Wenn die Hand Gottes auf uns ist, haben wir die Kraft, diesen gewissen Unterschied in einem Menschenleben zu bewirken.

Wenn ich darum bete, dass die Hand Gottes mit mir sei, bitte ich um Seinen Schutz. Der Psalmist sagte: „Durch seine große göttliche Macht hat er den Sieg errungen“ (Ps. 98,1, Gute Nachricht).

Welche Art von Sieg? Alle Arten von Sieg. Zunächst einmal Sieg über jegliche Art von Angst.

Hören Sie einmal den Gesprächen zu, die rings um Sie her geführt werden. Die Menschen sagen:

„O, ich fürchte, ich bekomme eine Erkältung.“

„Ich fürchte, ich verpasse etwas.“

„Ich fürchte, ich täusche mich.“

„Ich fürchte, ich schaffe es nicht.“

„Ich fürchte, ich bekomme Probleme.“

„Ich fürchte, …“

Gott möchte nicht, dass wir furchtsam sind. Er gibt uns keinen Geist der Furcht, sondern einen Geist „der Kraft und der Liebe und der Besonnenheit“ (2. Tim. 1,7, Gute Nachricht). Dies bedeutet, dass wir, anstatt der Angst zu erliegen, mit fester Zuversicht in dem stehen können, was wir von Gottes Liebe für uns wissen.

Eines Tages kam eine junge Frau mit der Bitte um Gebet zu mir, weil sie Angst hatte. Sie zog eine große Veränderung in ihrem Leben in Erwägung, und die Unsicherheit des Unbekannten hatte den Feind dazu gebracht, vor ihr herzuziehen. Bevor ich mit ihr betete, stellte ich ihr einige Fragen.

„Sie haben die Brücken hinter sich schon abgebrochen, also können Sie nicht mehr dahin zurück, wo Sie waren. Aber wenn Gott Ihnen zwischen jetzt und dem Zeitpunkt, an dem Sie hier weggehen, um Ihre neue Arbeitsstelle anzutreten, offenbart, dass Sie *nicht gehen sollten*, wären Sie dann bereit, nicht zu gehen?“

„Ja.“

„Wenn Sie nicht den Eindruck haben, dass Gott Sie zurückhalten will, und Sie diese neue Sache in Angriff nehmen und alles zusammenbricht, sind Sie dann bereit zu sagen: „Ich habe mich geirrt?“

„Ja.“

Da nahm ich ihre Hand und sagte: „In Jesu Namen gebiete

ich dem Geist der Furcht zu gehen.“ Und er war weg, einfach so. Gläubige können Sieg über Furcht bekommen, wenn sie sich wirklich Seinem Willen unterstellen, wenn sie Gottes Hand eingeladen haben, über ihnen zu sein.

Furcht ist einer der Hauptfaktoren bei psychosomatischen Krankheiten. Gott wollte nie, dass Seine Gemeinde unter Furcht leidet. Wir brauchen uns vor nichts zu fürchten, weil Er uns schützt. Wir brauchen uns nicht einmal davor zu fürchten, Fehler zu machen.

Als mein Bruder Judson und ich zusammen Dienst in einer Gemeinde taten, führten wir die Menschen mehr als einmal in Sackgassen. Wir sahen etwas, was eine andere Gemeinde tat, und das fanden wir gut. Wir machten uns mit unserer eigenen Gemeinde in dieselbe Richtung auf, in die die andere Gemeinde ging. Es dauerte nicht lange, bis wir erkannten, dass wir an das Ende einer Sackgasse geraten waren. Als wir zum Herrn schrien, hörten wir: „Ich habe euch nicht gesagt, das zu tun. Das habe ich der anderen Gemeinde gesagt. Es war nicht für euch.“

„Entschuldigung, Herr“, sagten wir dann. Wir entschuldigten uns auch bei den Leuten und erklärten ihnen: „Gemeinde, marsch, marsch zurück. Wir müssen aus dieser Sackgasse herauskommen.“

Was taten die Leute? Sie drehten sich um. Es war nichts Schlimmes geschehen, wir hatten alle etwas gelernt. Der Schutz des Herrn ist da, um uns zu korrigieren und uns zur Umkehr zu bringen, wenn wir uns in eine falsche Richtung aufgemacht haben.

Wenn ich auf manches in meinem eigenen Leben zurückblicke, bin ich erstaunt über den umfassenden Schutz des Herrn. In meiner Jugend tat ich manche wirklich lächerliche und gefährliche Dinge. Doch die Hand des Herrn schützte mich durch Sieg über Gefahren, die ich nicht einmal erkannt hatte. Er hatte Seine heiligen Engel geschickt, um rings um mich her Wache zu halten – und ich hielt sie ganz schön auf Trab.

Ich erzähle den Menschen oft, dass mein Engel kündigen will. Können Sie ihn nicht hören? „Ich hatte Iverna das ganze letzte Jahr. Jetzt muss sie mal jemand anders übernehmen."

Die Hand des Herrn gibt uns nicht nur Macht und körperlichen Schutz, sondern Er schützt uns auch geistlich.

Kein Kind Gottes sollte fürchten, von Dämonen besessen zu werden, wenn es Dämonen nicht freiwillig durch Ouija Tafeln, Zauberei, Gedankenübertragung, Astrologie und andere in Gottes Wort verbotene Dinge einlädt. Täten wir solche Dinge, würden wir uns Ärger einhandeln, und zu Recht. Doch wenn wir dem Herrn dienen, Sein Wort lesen und Ihm gehorchen, sind wir durch das Blut Jesu bedeckt und stehen unter diesem göttlichen Schutz.

In der jetzigen Zeit sind Rebellion, Terror, Anarchie, Aktivitäten von Dämonen und Verderbtheit so stark, dass wir den Schutz der Hand Gottes mehr denn je benötigen. Ohne ihn können wir keinen Sieg haben. Viele Menschen sind über den Zustand der Welt verzweifelt. Sie blicken umher und stellen fest, dass wir finanziell, wissenschaftlich, politisch und philosophisch verdorben sind, und dass Sozialarbeit nichts mehr nützt …

Wenn uns Menschen lächeln sehen, fragen sie: „Was ist mit Ihnen los? Sehen Sie denn die Probleme nicht?"

„Doch", können wir ihnen antworten. „Wir kennen die Probleme, natürlich, doch wir kennen eine Antwort, die größer ist als die Probleme. Halleluja!" Dadurch, dass wir ihnen den Grund der Hoffnung in uns sagen (1. Petr. 3,15), stellen wir Jesus dar.

Dies *ist* der Tag, den der Herr gemacht hat. Wir *können* uns freuen und fröhlich darin sein. Einesteils hatten wir es nie so gut. Die grauen Tage sind vorüber, die Tage, an denen wir fragen mussten, was für uns als Christen in der Welt richtig und falsch ist. Die Menschen verschwenden ihre Zeit nicht mehr mit Details, ob es richtig ist oder nicht, hierhin oder dorthin zu gehen, dieses oder jenes zu tragen. Der Herr hat gesagt, dass in den letzten Tagen das Verdorbene noch verdorbener und das Heilige noch heiliger werden wird (Offb. 22,11), und es ist schon auf so bemerkenswerte Weise geschehen, dass jeder, der auch nur ein bisschen die Geister unterscheiden kann, erkennt, was gut und was schlecht ist.

Vor ca. fünf Jahren las ich in den Straßen besorgt die obszönen Filmtitel in Kinos für Erwachsene. Heute zeigt man dieselben Filme im Fernsehen. Gegenüber den überall schlechter werdenden Standards kann sich die Gemeinde immer noch selbstbewusst als Kinder des höchsten Gottes zeigen.

Früher liefen viele Christen mit gesenkten Köpfen und niedergeschlagenen Augen herum, weil sie wussten, dass sie etwas verkündigten, wonach sie selbst nicht lebten. Sie sprachen über Sieg und lebten als Besiegte. Sie sprachen über Heilung und waren auf vielerlei Weise krank.

Heute ist das anders. Es ist, als hätte der Herr gesagt: „In Ordnung, Leute. Ihr habt dieses Leben als Besiegte lange genug wegen eures Unglaubens erlitten. Ich werde wieder Zeichen und Wunder tun, als Folge der Predigt meines Wortes – wenn ihr im Glauben aufsteht und zu glauben wagt.“ Darum geht es bei Wiederherstellung.

Psalm 32 zeigt, wie die Hand Gottes uns fernerhin schützt:

> *Denn deine Hand lag Tag und Nacht schwer auf mir, dass mein Saft vertrocknete, wie es im Sommer dürre wird (Ps. 32,4).*

Derselbe Gedanke wird im Neuen Testament wiederholt: „So demütigt euch nun unter die gewaltige Hand Gottes, damit er euch erhöhe zu seiner Zeit!“ (1. Petr. 5,6).

Die schwere, läuternde Hand Gottes und die mächtige, demütigende Hand Gottes, von der in diesen Versen gesprochen wird, ist der zugleich größte Schutz, der dem Leib Christi angeboten wird.

Wenn ich nicht an die läuternde Hand Gottes glaubte, hätte ich Angst zu lehren oder zu predigen, aus Furcht, ich könnte etwas sagen, was nicht von Gott ist. Doch ich weiß, dass Er mich rechtzeitig korrigieren kann, bevor ich zu weit vom rechten Weg abkomme; Er hat es schon oft getan. Manchmal zeigte Er mir eine bestimmte Bibelstelle und bat mich, sie Ihm vorzulesen:

> *Vertraue auf den Herrn von ganzem Herzen und verlass dich nicht auf deinen Verstand (Spr. 3,5).*

„Was hast du heute getan, was nicht mein Wille für dich war, Iverna?“, fragte Er mich.

„Ich verließ mich auf meinen eigenen Verstand, Herr. Aber jetzt, nachdem du mich darauf hingewiesen hast, tut es mir Leid, Herr. Ich werde die Sache mit den Leuten klären.“

Es gibt heute nicht viele Frauen im Reisedienst. Ich bin nicht zur Gemeinschaft mit den Männern im Reisedienst geladen. Daher ist der Weg manchmal einsam. Ich meine nicht die Zeiten, in denen ich das Gefühl habe, es gebe niemanden, mit dem ich reden kann, sondern die Zeiten, in denen ich frage: „Herr, was ist, wenn ich einseitig werde? Was, wenn meine Lehre aus dem Gleichgewicht rutscht? Wodurch wird verhindert, dass ich die Menschen in Irrtum leite, Herr? Gibt es jemanden, der mich korrigiert?“

Dieses Bewusstsein lässt mich beten: „Herr, lass deine Hand über mir sein, um mich zu läutern, wenn ich irre. Ruf mich zurück, wenn ich stehen bleibe. Ich möchte dich nicht manipulieren; ich möchte keinen Erfolg darin haben, meinen eigenen Weg zu gehen; ich möchte deinen Weg für mein Leben. Läutere mich, Herr. Halte mich auf dem richtigen Weg.“

Ich weiß, dass Er der Einzige ist, dem ich wirklich vertrauen kann; Er ist der Einzige, der keine eigennützigen Zwecke verfolgt. Sein ganzes Interesse liegt darin, mich Seinem Sohn ähnlich zu machen. Ich kann darauf vertrauen, dass Er mich auf dem rechten Weg hält.

„Ja, reinige mich, Herr“, lade ich Ihn ein. „Reinige mich, verwandle mich durch deine Gnade, wann immer es nötig ist, wenn ich zuviel spreche, wenn ich nicht genug spreche, wenn ich zu hart klinge …“

Ich begann vor einigen Jahren so zu beten, seitdem kontrolliert der Heilige Geist meinen Dienst. Manchmal zeigt Er mir: „Iverna, du musst dich dafür entschuldigen, dass du das gesagt hast.“

Er korrigierte mich eines Tages, als ich vor mehr als zweitausend Menschen stand. Es gefiel mir nicht besonders, doch ich musste vor ihnen sagen: „Ich habe einige von Ihnen durch eine falsche Behauptung verletzt und bitte Sie, mir zu vergeben.“

Ein Mann fiel einmal von einer Klippe, und im Fallen bekam er einen Ast zu fassen. Er klammerte sich stundenlang daran fest, bis seine Hände so schwach wurden, dass er sich nicht mehr halten konnte. Er ließ los und erwartete, dass er auf Felsen weit unten aufschlagen und in den Tod fallen würde. Zu seiner großen Überraschung fiel er nur einen Meter tief – und landete völlig sicher!

Viele von uns haben ihr halbes Leben damit verbracht, an ihrem geliebten Leben festzuhalten. Wenn jemand zu uns von Golgatha spricht oder sagt: „Du musst zum Kreuz gehen“, erschrecken wir und klammern uns nur noch stärker fest.

„Ich möchte nicht über das gekreuzigte Leben sprechen“, protestieren wir. „Ich glaube an *Leben,* nicht an *Sterben.*“

Der Herr lässt uns so lange klammern, wie wir es aushalten. Wenn wir endlich aufgeben und loslassen; wenn wir alles, was wir sind und haben, Ihm unterstellen, ist es, als würden wir loslassen und diesen einen Meter hinunter in Sicherheit fallen. Es gibt einen demütigenden Augenblick des Verzichts, in dem wir sagen: „Vater, in deine Hände befehle ich meinen Geist. Ich gebe jeden Anspruch auf mein Leben, meinen Besitz, meinen

Willen und meinen Verstand auf. Nimm du alles und tu, was du willst. Ich gebe auf. Du bist Herr."

Dann sind wir bereit für das echte Leben im Königreich.

Während meiner Reisen von Ort zu Ort habe ich viel Gelegenheit, zu hören, was die Menschen davon abhält, ihren Geist in die Hände des Herrn zu legen: Zigaretten; ein bestimmtes Mädchen, das ein Mann heiraten möchte; ein bestimmter Mann, den ein Mädchen heiraten möchte; eine Arbeitsstelle; fünfundzwanzig Jahre Mitgliedschaft im Vorstand; ein Haus; irgendetwas, das für sie zu einem Hindernis geworden ist.

„Aber ich kann das nicht aufgeben", sagen sie. „Und Gott hat mir gesagt, wenn ich meinen Geist in Seine Hände lege, muss ich es aufgeben."

Wenn ich ihnen so zuhöre, muss ich sagen: „Ich wünschte, ich würde Sie nicht verstehen, doch leider habe ich Sie verstanden. Ich weiß, was es bedeutet, sich an so etwas im Leben zu klammern und zu sagen: ‚Aber ich will das, ich will es, ich will es. Ich kann es nicht loslassen.' Doch der Herr überließ mich nicht für immer dieser Pein, und nach einiger Zeit ließ ich es unter großer Anstrengung und fast angewidert los und sagte: ‚In Ordnung, mach es, wie du willst.' In dem Augenblick, in dem ich das tat, begann der Segen des Herrn mein ganzes Wesen so zu durchfluten, dass ich das ganz vergaß, von dem ich vorher dachte, ich könne ohne es nicht leben. Ich stellte fest, dass meine ganze Sicherheit, all meine Freude und mein Frieden darin lagen, dass Seine Hand auf mir war, und ganz und gar nicht darin, dass ich meinen Willen bekam."

Jesus drückte die Sicherheit, die wir in Seiner Hand haben, so aus: „Ihr gehört mir. Ihr seid in meiner Hand, und niemand kann euch herausreißen" (Joh. 10,28-29, umschrieben). Das ist für uns eine gute Nachricht, besonders zu einer Zeit, in der so viele Christen mit großen Radiergummis umhergehen und versuchen, Namen aus dem Lebensbuch des Lammes auszulöschen.

Genau wie Macht und Autorität, Sicherheit und Schutz in

der Hand Gottes liegen, so liegt auch unsere Versorgung in der Hand Gottes. Wir lesen: „Wenn du deine Hand auftust, so werden sie mit Gutem gesättigt“ (Ps. 104,28).

Ich fragte meinen Bruder: „Wie laufen die Geschäfte?“

„Wunderbar! Gott hat mir soeben einen christlichen Manager geschenkt. Es läuft alles wirklich gut.“

Das zeigt mir, dass Gott Seine Hand auf diesem Leben hat. Wenn Gott Seine Hand auf ein Leben legt, dient es zur Versorgung, zur Kraft und zum Schutz. Gott versorgt uns.

Manche von uns stehlen sich aus Seiner Versorgung heraus und wollen unbedingt ihren eigenen Willen durchsetzen.

„Herr“, sagen wir zu Ihm, „hier sind meine Pläne. Segne sie, um Jesu willen.“

Er sieht sie sich an und sagt: „Tut mir Leid. Aber mir gefallen deine Pläne nicht. Sie sind nicht das, was ich mit dir vorhatte. Ich sage dir, was ich tun werde. Sieh dir mal diese Pläne an …“

Wir betrachten sie.

„Nein, sie gefallen mir nicht.“

„Was tun wir jetzt?“, fragt uns der Herr dann. „Dir gefallen meine Pläne nicht, mir gefallen deine nicht.“

„Ich schätze, es ist unentschieden“, meinen wir.

„Das geht für mich klar“, sagt uns der Herr. „Du gehst deinen Weg, ich gehe meinen.“

Wir ziehen los und denken, dass uns unsere Pläne ohne Seine Hilfe gelingen können.

So habe ich einmal meinen Weg durchgesetzt. Ich verließ den volllzeitigen Dienst und ging zurück in den Verkauf, denn bevor ich in den vollzeitigen Dienst ging, war ich eine gute Verkäuferin. Jetzt dachte ich, ich sei noch besser als früher. Außerdem hatte ich ein tolles Produkt, und es gab eine Menge Leute, die dieses Produkt benötigten.

„Der Herr braucht mir beim Verkaufen nicht zu helfen“, sagte ich mir. „Gebt mir nur ein Produkt, einen Preis, einen Menschen, und der Verkauf läuft.“

Raten Sie mal, was passierte. Ich erlitt total Schiffbruch. Ich hatte so unglaublich wenig Erfolg, dass die Firma einen Manager aus Portland schickte, der sich eine meiner Präsentationen anhörte, um zu sehen, was schief lief. Nachdem er mich bei der Arbeit beobachtet hatte, war er noch überraschter.

„Ich habe nie zuvor in meinem Leben eine überzeugendere Präsentation dieses Produktes gesehen", berichtete er seinem Vorgesetzten. „Ich bekam selbst Lust, das Produkt zu kaufen, die ganze Palette. Es war verrückt. Ich beobachtete die potenziellen Kunden, und ich war sicher, dass es sie auch gepackt hatte; sie waren bereit, auf den Bestellblocks zu unterschreiben. Frau Tompkins hörte im genau richtigen Augenblick auf – doch die ganze Sache fror ein."

Als er das kopfschüttelnd berichtete, stand ich daneben und hörte ein Wort vom Herrn. „Ich bleibe auch eingefroren, Iverna. Die Salbung, die ich dir gab, um das Evangelium des Friedens anzubieten, darf nie für etwas anderes verwendet werden."

Ich war überzeugt.

„Herr, zeigst du mir deine Pläne bitte noch mal?"

Er tat es, und diesmal erschienen sie mir großartig.

Gott schenkt uns Seine Versorgung, doch nur, wenn wir Ihn darüber entscheiden lassen, wie Er uns versorgt.

Die Führung des Herrn ist das Nächste, das wir erleben, wenn Seine Hand auf uns ist. Der Psalmist sagte: „Nähme ich Flügel der Morgenröte … so würde auch daselbst deine Hand mich führen und deine Rechte mich halten!" (Ps. 139,9-10).

Wir werden vom Herrn geführt, auch wenn Seine Führung durch „stürmische See" geht. Wenn Er uns immer auf blumenumrankten Wegen führte, wären wir völlig unvorbereitet, jemandem zu dienen, dessen Leben über felsige Pfade und durch Höhen und Tiefen geht. Wenn wir Ihn darum bitten, uns zum Segen zu machen, wird das auch Konsequenzen mit sich bringen.

„Komm hier entlang, Kind", könnte Er uns auffordern. „Es gibt viele, die das lernen müssen, was ich dich auf diesem Weg lehre. Doch du und ich, wir werden ihn zusammen gehen. Andere Menschen verstehen vielleicht nicht, warum du diesen Weg einschlägst, doch du und ich werden wissen, dass ich dich zu meiner eigenen Ehre hierher geführt habe.“

Viele Christen verurteilen sich dafür, auf dem scheinbar falschen Weg zu gehen.

„Irgendwann hätte ich etwas anderes tun müssen“, klagen sie. „Doch jetzt ist es zu spät.“

Wir müssen alle erkennen, dass wir genau da sind, wo wir sein sollen, wenn unser Herz offen für Gott ist, um Seinen Willen zu erkennen. Er *führt* uns. Sein Wort sagt es uns an vielen Stellen:

> *Er leitet die Elenden [die sich lehren lassen] auf den rechten Pfad und lehrt die Elenden seinen Weg (Ps. 25,9).*
> *Zeige mir, Herr, deinen Weg und leite mich auf richtiger Bahn um meiner Feinde willen (Ps. 27,11).*
> *Lehre mich tun nach deinem Wohlgefallen; denn du bist mein Gott, dein guter Geist führe mich auf richtiger Bahn (Ps. 143,10).*
> *Der Herr wird dich ohne Unterlass leiten und deine Seele in der Dürre sättigen (Jes. 58,11).*

Streben wir nach Gottes Führung, müssen wir als Erstes unsere Einstellung prüfen. Wollen wir, dass Gottes Ziele und Absichten in unserem Leben durchgeführt werden? Ist unsere Antwort darauf ‚ja‘, können wir als Nächstes beten: „Herr, ich trachte zuerst nach dir, und ich bitte dich, dass du mir diesen Wunsch ins Herz legst. Wenn ich etwas will, das nicht deinem Willen entspricht, bitte ich dich, dass du meine Wünsche änderst, damit sie in Einklang mit deinem Willen kommen.“

Nachdem ich das gebetet habe, beginne ich Pläne zu machen, bin aber bereit dafür, dass Er sie ändert. „Man kann kein Schiff lenken, das nicht in Bewegung ist“ scheint hier zu passen.

Ich habe manche predigen gehört, dass wir nichts tun sollten, bevor wir nicht ein festes Wort und die Bestätigung für dieses Wort bekommen. Ich finde, dass eine solche Lehre zum Stillstand führt, weil die Menschen auf eine Schrift an der Wand warten oder darauf, dass sich wunderbare Zeichen am Himmel zeigen. Doch als Gott sagte, dass wir den Sinn Christi in uns haben sollen, meinte Er damit nicht, dass wir nicht mehr denken sollen. Er sagte vielmehr, wir sollen denken. Gott kann unseren menschlichen Verstand gebrauchen, wenn wir erneuert und auf Gott ausgerichtet sind, und wenn Christus unsere Mitte ist.

Wenn ich Pläne mache, sage ich: „Herr, diese Pläne lege ich dir zur Genehmigung vor. Wenn ich mich in die falsche Richtung orientiere, schließ Türen oder ändere meinen Sinn. Ich werde Buße tun." Und dann gehe ich weiter. Es scheint mir, dass Gott uns in manchen Angelegenheiten einen großen persönlichen Spielraum gibt. Wenn wir darum beten, Seinen Willen zu erfahren, ist es, als würde Er sagen: „Was willst du tun, mein Kind?" Wenn wir darauf nur stammelnd antworten: „I-i-ich weiß nicht", kann Er mit Recht fragen: „Wenn du nicht weißt, was du tun willst, warum sollte ich es wissen?"

Oft erhalten wir keine Führung vom Herrn, weil wir uns nicht belehren lassen. Wenn Er uns den Weg nicht lehren kann, wird Er uns nicht darauf führen. Die Vorbedingung ist, dass wir uns belehren lassen, wenn wir von Ihm geführt werden wollen.

Zu mir sind Menschen gekommen, die um die Taufe im Heiligen Geist baten. Ich sprach mit ihnen darüber, erfuhr, dass sie ein bisschen verstanden, wer der Heilige Geist ist und welche Folgen es hat, wenn Er in ein Leben tritt. Ich stellte sicher, dass sie die Bibelstellen kennen, in denen zugesagt wird, dass Er denen gegeben ist, die darum bitten, und ich zeigte ihnen, dass zur Zeit des Neuen Testamentes der Heilige Geist durch Handauflegung weitergegeben wird. Danach legte ich ihnen die Hände auf – doch manche empfingen den Heiligen Geist nicht.

„Herr, du hast versprochen, dass der, der bittet, empfängt“, beschwerte ich mich. „Was stimmt nicht? Diese Menschen haben gebeten, aber …“

Als dies am Anfang passierte, erkundigte ich mich bei den Pastoren über diese Menschen. Jetzt brauche ich das nicht mehr zu tun, weil ich die Antwort schon kenne. Jedes Mal war derjenige, der den Heiligen Geist nicht empfangen hatte, jemand, der dachte, er kenne alle Antworten, jemand, der nicht lernen wollte, jemand, der wollte, dass alles nach seinem Willen gemacht wird oder gar nicht.

Gott kann in Seiner Gnade Seinen Heiligen Geist nicht jemandem geben, der so ist, weil Er ihn nicht lehren kann, im Geist zu leben. Solche Menschen gehen weiter ihren eigenen Weg. Der Psalmist drückte es so aus:

> *Wer ist der Mann, der den Herrn fürchtet? Er [Gott] lehrt ihn den Weg, den er erwählen soll (Ps. 25,12).*

Wenn Sie mit Gott gehen und Seinen Weg wählen, wird Er Ihnen Lehrer geben, die Sie anweisen. Sie werden all die Führung bekommen, die Sie brauchen.

Manche Menschen wenden sich erst vor einer wichtigen Entscheidung Gott zu und bitten Ihn, ihnen zu zeigen, was sie tun sollen. Sie beten wahrscheinlich wirklich inbrünstig: „Gott, bitte zeig mir schnell, welchen Weg ich gehen soll. Ich muss es diese Woche noch wissen!“

Dieses Gebet ist vermutlich besser als gar keines, doch es ist das Gebet eines Babys. Wir müssen beten: „Herr, lass mich mehr von deiner Führung verstehen.“ Wir sollen wissen, *dass* Er uns bereits leitet. „Der Herr *ist* mein Hirte. Er leitet mich; manchmal durch Leiden, manchmal durch Schmerzen, doch was auch kommen mag, Er leitet mich.“

Was möchte der Herr, das Sie heute tun? Er möchte, dass Sie den Tag damit beginnen, Ihm zu bekennen: „Dies ist der Tag, den der Herr gemacht; wir wollen froh sein und uns freuen an ihm!“ (Ps. 118,24). „Mach mich heute für jemanden zum Segen, Herr. Lass dir die Worte aus meinem Mund und das Sinnen meines Herzens wohlgefallen, o Herr, meine Stärke und mein Erlöser.“ Er möchte, dass wir unseren Glauben täglich neu entfachen, damit wir in jeder Situation mit der größten Zuversicht sagen können: „Ich *bin* im annehmbaren, guten und vollkommenen Willen Gottes.“

Manche von uns haben so viele Bücher darüber gelesen, wie man den Willen Gottes erkennen kann, dass wir durch die ganzen guten Ratschläge verwirrt sind. Wir finden es zu schwer zu erkennen, ob wir in Seinem Willen sind oder nicht. Und doch sagt uns die Schrift: „Seid allezeit fröhlich! Betet ohne Unterlass! Seid in allem dankbar; denn *das ist der Wille Gottes in Christus Jesus für euch*“ (1.Thess. 5,16-18, Hervorhebungen durch die Autorin).

Wir sind in Seinem Willen, wenn wir das tun, was Er uns geboten hat.

Jeder Christ, der nicht im Willen Gottes ist, ist sich dessen bewusst. Als ich „draußen in der Welt“ war und Rückschritte machte, musste nie jemand auf mich zukommen und sagen: „Iverna, du bist nicht im Willen Gottes.“ Ich wusste es. Genauso braucht Gott nicht zur Gemeinde zu kommen, um zu sagen: „Du bist in meinem Willen; ich bin stolz auf dich, Sohn (oder Tochter), und ich freue mich, dass du gute Arbeit tust.“ Wir sollen von Ihm *erwarten*, dass Er uns führt, und wir sollen folgen.

Immer wenn jemand zu mir kommt und sagt: „Iverna, bitte beten Sie, dass ich den Willen des Herrn für mein Leben herausfinde“, sage ich ihm: „Sie sind schon in Seinem Willen.“

„Woher wissen Sie das?“, fragen sie dann.

„Ganz einfach“, erkläre ich. „Weil Sie in Seinem Willen sein wollen, sind Sie darin. Die Menschen, die gegen Gott rebellieren, sind die Einzigen, die außerhalb Seines Willens stehen. Wenn Sie nicht rebellieren, wenn Sie in Seinem Willen sein wollen, sind Sie schon drin.“

„Aber – aber …“ zögern sie manchmal. „Sind Sie *sicher*?“

„Sehen Sie“, sage ich ihnen und deute auf Johannes 7,17, „wenn Gott nicht groß genug ist, Ihnen Seinen Willen für Sie zu zeigen, wenn Sie deutlich gemacht haben, dass Sie in ihm sein wollen, dann ist Er kein Gott, der groß genug ist, dass wir Ihm dienen.“

Der Feind hat eine ganze Tasche voller Tricks, um uns diese Sicherheit zu stehlen. Er kommt und flüstert uns ins Ohr: „Pass besser auf. Du bist wahrscheinlich gar nicht in Gottes Willen. Du solltest mal lieber langsam machen, dich in eine Ecke setzen und darüber meditieren.“

Wenn Sie auf den Feind hören und aufhören zu handeln, werden Sie aufhören, für Menschen zu beten, aufhören, an den Prozessen Gottes teilzunehmen, die zu Ihrer geistlichen Reife bestimmt sind. Satan bringt Sie dazu, am Rand stehen zu bleiben, anstatt vorwärts zu gehen und den Willen Gottes zu tun. Sie können fünf Jahre vergeuden und nach Gottes Willen suchen; dabei könnten Sie, wenn Sie wüssten, dass Sie in Ihm sind, erkennen, dass Sie bereits in Seinem Willen sind.

Manche Menschen meinen fälschlicherweise, dass der Herr ihnen für jede kleine Sache, die sie tun, eine besondere Anweisung geben muss. Ich habe herausgefunden, dass es im Willen Gottes für unser Leben eine große Spannbreite gibt. Ein Beispiel dafür stammt aus dem Leben meines Bruders Judson.

Judson liebt Musik, und eines Tages setzte er sich in einen „Musiksessel“. Für mich war es ein seltsames Ding, an eine Stereoanlage angeschlossen; von allen Seiten waren Lautsprecher auf ihn gerichtet. Er war im Schlussverkauf von etwa 400 auf 200 Dollar reduziert worden, und Judson hatte ein echtes Verlangen nach diesem besonderen Möbelstück. Doch er war in einem Pfarrhaus aufgewachsen, in dem er gelernt hatte, dass Luxus nichts für ihn sei. Er versuchte, sich diesen Sessel aus dem Kopf zu schlagen, musste aber dauernd an ihn denken. Daher betete er: „Herr, bitte zeig mir, ob ich den Sessel kaufen soll oder nicht.“

Zwei oder drei Tage nach diesem Gebet saß er im Flugzeug, der Sitz neben ihm war frei, Judson sprach mit dem Herrn und hörte auf das, was der Herr ihm sagte.

„Wegen dieses Sessels, Herr", sagte Judson während des Gesprächs. „Du weißt, dass ich ihn wirklich gerne hätte, aber ..."

„Sohn, wenn du diesen Sessel willst, dann reg' dich nicht mehr darüber auf. Geh und kaufe ihn. Mir persönlich ist es egal, ob du ihn hast oder nicht. Aber du scheinst dich in ihn verliebt zu haben, und ich erfülle gerne die Herzenswünsche meiner Kinder, also ..."

Judson besitzt jetzt diesen fantastischen Musiksessel. Er genießt ihn, und der Herr hat überhaupt nichts dagegen.

Manche Lehrer sagen, dass wir nie um etwas bitten sollten, wenn nicht ein geistlicher Zweck hinter unserer Bitte steckt. Ich bin anderer Meinung. Es ist falsch, um Dinge zu bitten, wenn ich verherrlicht werde und ich sie für die Lust meines Herzens verwende und es dann genieße, wenn Menschen sagen: „Was für eine großartige Frau Gottes!" Das ist verbotene Selbstgefälligkeit, dagegen es ist in Ordnung, wenn ich um Dinge bitte, die ich zwar nicht unbedingt brauche, aber einfach gerne hätte.

Vor allem anderen ist Gott unser himmlischer Vater. Sogar irdische Väter erfüllen gerne die Herzenswünsche ihrer Kinder. Drei Monate vor Weihnachten beginnen die Kinder zu sagen: „Papa, ich wünsche mir ..." Und Papa plant schon, wie er die Sachen für sie bekommen kann, wenn es irgendwie möglich ist.

Wenn wir den Herrn gerade erst kennen gelernt haben, neigen wir dazu, Ihn wegen jeder Kleinigkeit zu fragen.

„Herr, ist es in Ordnung, wenn ich jetzt den Abwasch mache? Herr, habe ich genug Zeit im Gebet verbracht? Herr, soll ich heute zur Arbeit gehen?"

Anfangs müssen Babys jeden Schritt geführt werden, und das Grundsätzliche muss immer wieder gelehrt werden. Doch nach einer Weile, wenn wir das Grundsätzliche gelernt haben, merken wir, dass wir nicht mehr so viele Fragen stellen müssen.

Nehmen wir zum Beispiel einmal an, dass ich mich mit dem Gedanken trage, ein neues Auto zu kaufen. Ich frage den Herrn.

„Ich brauche ein Wort von dir, Herr. Soll ich ein neues Auto kaufen oder nicht?“

„Iverna, das einzige Wort, das du von mir brauchst, ist eine Frage: Kannst du dir das Auto leisten?“

Wenn meine Antwort nein ist, brauche ich kein Wort vom Herrn. Ein Wort von meinem Bankier genügt.

„Es ist an der Zeit, dass mein Volk erkennt, wie ich mit ihm umgehe“, scheint Gott heute der Gemeinde zu sagen. Er vertreibt die Unwissenheit Seines Volkes mit einer wahren Flut von Lehre durch Bücher, Kassetten und Konferenzen wie nie zuvor. Er sieht unserer Unwissenheit nicht mehr so zu wie in der Vergangenheit. Es ist, als würde Er sagen: „Lasst mein Volk erkennen, was ich tue und was ich sage. Lasst sie wahrhaftig erkennen, dass denen, die mich lieben und nach meinem Vorsatz berufen sind, alle Dinge zum Besten dienen. Lasst sie wissen, dass sie darauf vertrauen können, dass meine Hand sie leitet.“

Mose kam an den Punkt, an dem er wusste, dass er Gott für alles vertrauen konnte. Als die Israeliten an das Rote Meer kamen und es anscheinend keinen Weg hindurch gab, sagte Mose: „Herr, wir haben keine Boote. Wie sollen wir über das Meer kommen? Nicht jeder im Volk kann schwimmen.“

Der Herr sagte ihm, dass er seinen Stab ausstrecken sollte, und Mose diskutierte nicht mit Ihm; er tat einfach, wie ihm befohlen war. Das Wasser teilte sich, damit das Volk auf trockenem Boden hindurchziehen konnte. Mose fragte nicht, wie Gott es tun würde; er wusste einfach, dass Er es tun würde.

Nachdem Mose mit den Kindern Israels einige Jahre umhergezogen war, hatte er viele wunderbare Taten Gottes gesehen. Er hatte aus Erfahrung gelernt, dass Gott alles tun konnte, dass Er für jede Situation eine Lösung hatte, egal, um welches Bedürfnis es sich handelte.

Als das Wasser bitter war, sagte er: „Herr, womit können wir das Wasser süß machen?“ Der Herr sagte ihm, dass er ein bestimmtes Holz ins Wasser werfen solle und es dadurch süß würde. Mose folgte den Anweisungen und erhielt das gewünschte Ergebnis (2. Mose 15,23-25).

Als die Israeliten durstig waren und kein Wasser hatten, betete Mose: „Herr, sie sind wieder durstig. Und ich sehe kein Wasser hier. Was soll ich diesmal tun?"

„Siehst du den Felsen hier drüben?", fragte der Herr. „Schlag darauf, dann wird Wasser hervorquellen."

Es klang nicht sehr wahrscheinlich, doch Mose folgte den Anweisungen, und wieder wurden die Bedürfnisse gestillt (2. Mose 17,3-6).

Das Neue Testament sagt uns, dass alles, was im geschriebenen Wort Gottes berichtet wird, zu unserer Lehre dient (2. Tim. 3,16). Wir müssen von dem lernen, was das Volk sowohl im Alten als auch zu Zeiten des Neuen Testaments erlebte. Aus der Erfahrung des Mose lernen wir, dass Gott in jeder Situation die Antwort kennt und eine Lösung schenkt, wenn wir darum bitten. Er bringt uns als Seine Kinder so weit, dass er einfach Seinen Willen in uns hauchen kann und wir ihn dann tun.

Einmal kam ich abends von einem langen Gottesdienst zurück, in dem ich so viel gedient hatte, dass ich ziemlich erschöpft war. Ich warf mich in meinem Hotelzimmer aufs Bett und beschwerte mich: „Herr, ich bin total ausgelaugt. Ich weiß, dass dein Wort die Wahrheit ist, und du sagst, dass dein Joch einfach und deine Bürde leicht ist, aber ..."

„*Mein Joch ist* einfach", erinnerte Er mich.

„Nun, bitte, könnte ich dann unter dein Joch gehen? Das Joch, das ich trage, ist überhaupt nicht leicht. Es bricht mir fast das Genick."

All das ging mir durch den Kopf, als ich so erschöpft dalag. Er schien ein riesiges Joch hochzuheben und es einen Augenblick über meinen Kopf zu halten.

„In Ordnung", sagte er. „Steck deinen Hals hier einfach durch, und ich werde führen. Wo ich auch hingehe, du brauchst nur zu folgen. Du wirst feststellen, dass dies das leichteste Joch ist, das du je ausprobiert hast.“

Wir gingen zusammen los, und ich sagte: „O Herr, das ist wunderbar. Ich weiß gar nicht, warum ich das nicht schon früher versucht habe. Keine Arbeit, keine Last, ich folge dir einfach.“

„Ich biege an der nächsten Ecke nach links ab“, sagte Er daraufhin.

„Ich nicht“, sagte ich Ihm. „Ich gehe nach rechts.“

„Du bittest also um ein gebrochenes Genick“, sagte Er ganz freundlich, und ich verstand das Geheimnis. Wenn man unter Seinem Joch geht, geht man Seinen Weg oder man windet sich irgendwie heraus und bricht seinen Kopf dabei ab. Jochs funktionieren so. Ich fand es auf die schwere Weise heraus. Ich kann Ihnen meine Narben zeigen.

Wir können den Herrn nicht darum bitten, dass Er uns Seinen Weg zeigt, und dann weiter unseren eigenen Weg gehen; außer, wir wollen uns das Genick brechen.

Als Jesus diese Welt verließ und zum Vater zurückging, der Ihn gesandt hatte, hob Er seine Hände und segnete seine Jünger (Luk. 24,50). Indem Er sie mit Seinen Händen segnete, gab Er ihnen Macht und Autorität, Versorgung und Sicherheit, Schutz und Führung, und sogar das Wissen, dass sie geläutert würden, wenn es nötig sein sollte. Kein Wunder, dass Jabez betete, „deine Hand sei mit mir“, und kein Wunder, dass wir gesegnet werden, wenn wir für uns genauso beten.

7

„Halte das Übel von mir fern, dass kein Schmerz mich treffe!“

Nachdem Jabez gebetet hatte, dass der Herr ihn doch segnen und seine Grenzen erweitern möge, dass Seine Hand mit ihm sei, betete er weiter, dass der Herr das Übel von ihm fern hielte und kein Schmerz ihn treffen würde.

Das Wort für „Schmerz zufügen“ bedeutet, „übel zurichten; Ärger, Schmerz oder Wut verursachen; zerstören durch zerbrechen“. Jabez sagte: „Gott, wenn ich übel handle, wenn ich von deinem Weg abweiche, wenn ich deinen Willen für mein Leben verlasse, werde ich mich selbst hassen. Ich werde in Stücke zerbrechen, zerrissen. Ich werde voller Abscheu und Selbstverachtung sein. Ich werde so wütend über mich selbst sein, dass ich niemandem mehr nützen werde. Das will ich nicht. Das würde mich bekümmern, Herr. Gib, dass mir das nicht passiert. Befreie mich vom Übel.“

Meist sind die Wut und der Ärger, die uns in Schuld und Sorge bringen, die Folge unseres Sündigens gegen uns selbst. Manchmal fällt es uns leichter, anderen zu vergeben, es ist schwer für uns, uns selbst zu vergeben. Jabez schien dies zu wissen, und er sagte: „Gott, ich möchte nicht so handeln, dass es dir missfällt und dass ich mich vor mir selbst schämen muss.“

Heute ist der Leib Christi wegen Uneinigkeit, Trennung und anderem Übel geteilt, in Stücke geschnitten. Mein Geist ruft: „O Herr, ich weiß, dass du nicht kommen kannst, bevor du uns nicht vom Übel befreit und bewahrt hast, damit es uns nicht noch mehr teilen und auseinanderbrechen kann. Befreie uns, damit es echte Einheit unter uns gibt, einen wirklich Leben spendenden Fluss."

Das kann alles im Leib Christi geschehen, so wie in jedem von uns, wenn wir Seine Fähigkeit, einander zu vergeben, übernehmen und Seine Vergebung für uns selbst empfangen. Teilweise empfangen wir Vergebung für uns selbst auch dadurch, dass wir anderen vergeben.

Wir müssen beten, dass Gott uns davor bewahrt, zu zerbrechen, nachdem wir Ihn gebeten haben, unsere Herzen zu erweitern, weil wir so auch das Mitgefühl Jesu für die leidende Menschheit haben. Menschliche Herzen können mit einem solchen Mitgefühl nicht umgehen, ohne zu zerbrechen.

Mein Bruder Judson wurde wiederholt von Krankheit niedergeworfen. Ich ging eines Tages für ihn vor Gott auf die Knie und betete: „Herr, dies ist schon so oft in Judson's Leben geschehen. Warum, Herr? Du hast in ihn so viel Wahrheit, Erkenntnis und Offenbarung gelegt; du hast ihm ein so großes Verständnis deines Wortes gegeben und eine so große Fähigkeit, es den Menschen weiterzugeben. Warum kommt diese Krankheit immer wieder und hindert ihn daran, Herr?"

Der Herr zeigte mir, und Judson verstand es, dass die Krankheit daher rührte, dass sein Herz so groß geworden war. Wenn er in der Welt herumreiste, passierte es, dass Menschen sich vor sein Flugzeug stellten und versuchten, es am Start zu hindern, weil sie so gerne wollten, dass er länger blieb und sie lehrte. Ein Herz, das durch den darin wohnenden Heiligen Geist erweitert und erweicht wurde, kann eine solche Bürde nicht mehr tragen, ohne zu zerbrechen. Judson weinte jedes Mal, wenn das Flugzeug abhob; er spürte eine so starke Verantwortung für die Menschen, die er zurückließ, dass er es kaum ertragen konnte. Aber er hatte weitere Verpflichtungen, er musste einen Zeitplan einhalten. Und er musste Folgendes lernen: So, wie er dafür verantwortlich war, das zu tun, wozu Gott ihn berufen hatte, würde der Herr das Werk vollenden, das Er durch Judson begonnen hatte. Diese Gewissheit bewahrte Judson davor zu zerbrechen und unbrauchbar zu werden.

Es verherrlicht Gott nicht, wenn Sein Volk durch körperliche Krankheit, Nervenzusammenbrüche, geistige und geistliche Probleme zerbricht. Groteskerweise machen wir manchmal aus denen, die uns dienen, Helden und Heldinnen, weil sie so viel arbeiteten, dass sie daran zerbrachen.

Jemand gab mir ein kleines Schild, auf dem stand: „Ich rase lieber bis zur Erschöpfung für den Herrn, als zu rosten.“ Doch ich will beides nicht. Ich möchte lieber mit Ihm leben und gehen und arbeiten. *Für* Ihn zu arbeiten, kann einen auslaugen, doch *mit* Ihm zu arbeiten ist ewiges Leben.

Gottes Volk ist unter anderem heutzutage deshalb so überarbeitet, weil andere die Last nicht mittragen wollen.

„Geh und bete für X“, sage ich vielleicht zu einem Christen. „Sie braucht viel Gebet.“

„Oh, ich fürchte, ich kann das nicht so gut wie du“, wiegeln sie ab.

„Bist du ein Kind des Königs oder nicht?“, frage ich sie.

Auch wenn sie fast unmerklich nicken, wiederhole ich die Anweisung.

„Okay, liebes Gefäß, lass Ihn das Anliegen durch dich erfüllen. *Jeder* kann nützlich sein, wenn er will.“

Es gab eine Zeit, in der erwartet wurde, dass ein Evangelist die ganze Erweckung in seinem Aktenkoffer mitbrachte. Es wurde von ihm erwartet, dass er alles tat. Heute dienen die Menschen einander viel mehr. Kleine Gruppen huschen im Vorraum oder im Durchgang herum und beten füreinander. Wir lernen, die Segnungen und Zusagen Gottes füreinander in Anspruch zu nehmen.

Eine andere Art zu zerbrechen kann daher rühren, dass wir uns Lasten auferlegen, die der Herr nie für uns vorgesehen hatte.

Es muss das Aufregendste in Abrahams Leben gewesen sein, als Isaak, der Sohn der Verheißung, geboren wurde. Doch es gab bald Probleme.

Ismael spottete. „Großartig. Er hat jetzt den Sohn, den du ihm verheißen hast, Gott. Aber es ist zu spät für ihn. Ich habe fast fünfzehn Jahre in dieser Familie regiert und geherrscht, und Abraham kann mich nicht loswerden. Ich bin auch sein Sohn."

Sarah, die eigentlich das Problem verursacht hatte, wurde bekümmert. Sie ging zu Abraham und beschwerte sich über den Streit und Ärger, der durch das Kind Ismael entstand.

„Bitte schick ihn fort", sagte sie.

„Ich kann nicht", sagte Abrahams Sinn für Gerechtigkeit. „Es wäre nicht richtig. Gott würde nicht wollen, dass ich so etwas tue."

Doch Gott sagte: „Geh und schick das Kind weg, Abraham. Er ist nicht deine Bürde. Ich werde für ihn sorgen." Und Abraham folgte.

Die falschen Bürden, die ich meine, sind ein subtiles Problem, das sich heute noch in das Leben von Gottes Volk schleicht. Manche Menschen werden versuchen, Sie auszulaugen und all Ihre Energie mit ihren Problemen zu verbrauchen. Sie werden ständig von Ihnen verlangen, dass Sie ihnen dienen. Es ist, als würden sie sagen: „Wenn du mich wirklich liebst, dann lass mich dein Leben beanspruchen."

Sie rufen Sie früh morgens und mittags an, am Nachmittag klingeln sie an Ihrer Tür, damit sie an Ihrer Schulter weinen können, bis die Kinder von der Schule nach Hause kommen:

„Ich weiß nicht, was ich täte, wenn ich dich nicht hätte. Niemand sonst kümmert sich um mich."

Wenn Ihr Ehemann nach Hause kommt, hungrig nach einer richtigen Mahlzeit, blickt er erstaunt um sich – die Betten nicht gemacht; schmutziges Geschirr in der Spüle; Wäschestapel überall; Kinder, die nörgeln, weil sie keine Aufmerksamkeit von Ihnen bekamen; das Kochen für's Abendessen hat noch nicht einmal begonnen. Er sagt nichts, doch Sie können seine Gedanken lesen:

„Was um Himmels willen hast du denn den ganzen Tag *gemacht*?“

„Ich habe für den Herrn gearbeitet“, erzählen Sie ihm, doch es klingt nicht einmal für Sie selbst überzeugend.

Entweder der Herr ist Herr in Ihrem Leben, oder Er ist es nicht. Er ist völlig imstande, auch Herr im Leben dieser anderen Person zu sein, wenn Sie diese Person von ihrer Abhängigkeit Ihnen gegenüber entwöhnen. Ich halte viel davon, dass wir einander täglich lieben, ermutigen, erbauen, doch wir müssen tun, was der Herr sagt. Er kann uns sagen, wie viel Zeit wir miteinander verbringen sollen, damit wir nicht ausgelaugt sind und uns nicht mehr um die Bedürfnisse unserer Familien kümmern können. Wenn wir das tun, was wir tun sollen, wird wieder Friede im Haus herrschen, genau wie bei Abraham, nachdem er Ismael und seine Mutter weggeschickt hatte.

Ich weiß, dass es im Leib Christi heute Nervenzusammenbrüche, Geschwüre und viele andere Leiden gibt. Der Feind setzt Gottes Volk unter Druck, Männer und Frauen, die Gottes mitfühlendes Herz haben, verschwenden ihre Energien für Bürden, die Gott nie für sie vorgesehen hatte. Der Feind versucht uns so weit zu bekommen, dass wir uns mit Sorgen überlasten, damit er unsere Gesundheit zerstören und unseren Glauben mindern kann.

Menschen gehen in die Gemeinde und können es nicht genießen, weil sie sich über all das aufregen, was die Menschen dort vorne nicht so wie *sie* machen. Das hat zum Beispiel *mich* immer genervt. Ich wurde ganz verrückt; ich ging von einem Platz zum anderen und hörte, wie die Menschen in der zweiten Reihe Lieder anders sangen als die Menschen in der ersten Reihe. Eines Tages heilte mich der Herr von diesem kritischen Geist.

Wir sangen: „Es ist ein neuer Tag; es ist eine neue Offenbarung auf eine ganz neue Weise", und sie sangen es alle falsch. Es zerrte so an meinen Nerven, dass ich mich zurückhalten musste, um nicht zu rufen: „Hey, wartet mal! Ich will euch zeigen, wie man dieses Lied richtig singt."

Nach dem Gottesdienst gingen einige von uns Hamburger essen. Ich saß neben einer Frau, die lauter als alle anderen in der Versammlung gesungen hatte und der es sichtbar gefallen hatte. Die Rede kam darauf, wie viel Freude es machte, all diese neuen Lieder zu singen, die im Leib Christi die Runde machten. Als sie das Lied erwähnten, bei dem ich so gelitten hatte, fragte ich die Frau neben mir: „Haben Sie das Lied schon oft gesungen?"

Meine Frage klang unschuldig, und ich wollte gerade loslegen, um ihr zu sagen, wie es gesungen werden musste.

„Ja, schon ziemlich lange – lange, bevor es gedruckt wurde", antwortete sie mir. „Ich habe es nämlich geschrieben. Gefällt es Ihnen?"

Ich fiel fast vom Stuhl, aber ich lernte an diesem Abend etwas.

„Herr, danke dafür", sagte ich im Stillen zu Ihm. „Ich verspreche dir, dass ich von nun an einfach dich preisen werde. Ich werde mich nicht mehr darum kümmern, wie andere die Lieder singen."

Das Gebet des Jabez, dass er nicht zerbrechen möchte, könnte so gedeutet werden: „Gott, lass mich nicht unbrauchbar werden."

Lassen Sie uns manche der Dinge betrachten, die dazu führen können, dass Gott uns nicht mehr gebraucht. In Epheser 4,14-15 erwähnt Paulus einige:

> *... damit wir nicht mehr Unmündige seien, umhergeworfen und herumgetrieben von jedem Wind der Lehre, durch die Spielerei der Menschen, durch die Schlauheit, mit der sie zum Irrtum verführen, sondern [dass wir], wahrhaftig in der Liebe, heranwachsen in allen Stücken in ihm, der das Haupt ist, Christus ...*

Petrus sagt dazu:

> *Ihr aber, Geliebte, da ihr solches im Voraus wisset, hütet euch, dass ihr nicht durch die Verführung gewissenloser Menschen mit fortgerissen werdet und euren eigenen festen Stand verlieret! (2. Petr. 3,17).*

Vieles, wofür wir dem Feind die Schuld geben, sind in Wirklichkeit Sünden des Fleisches, Manifestationen unserer fleischlichen Natur. Wir sind meist unsere eigenen schlimmsten Feinde. Der Herr hat uns gesandt zu dienen, und anstatt zu dienen, bewegen wir uns aus dem Bereich des Glaubens heraus und hören all dem Müll zu, was im Leben eines anderen alles falsch ist. Ich lerne gerade, diese exzessiven Wortschwalle zu unterbrechen, zu beten und darauf zu vertrauen, dass Gott mir das *wahre* Problem offenbart.

Wenn ich anderen zuhöre, die mir ausführlich von einem großen Problem erzählen, wird mein eigener Glaube durch ihren ungläubigen Ansatz verwässert.

„Ich habe dieses ausprobiert, ich habe jenes ausprobiert, ich habe alles Mögliche ausprobiert“, sagen sie mir, „und es funktioniert einfach nicht.“

Ich brauche das gar nicht alles zu hören.

„Wollen Sie heraus oder nicht?“, frage ich sie. „Wenn Sie heraus wollen, hat Gott ein Seil. Er kann es Ihnen zuwerfen und Sie direkt an den heiligen Ort ziehen, wenn sie dort sein wollen. Aber es erbaut keinen von uns beiden, wenn wir alle Details des Problems noch einmal durchkauen. Lassen Sie uns beten.“

Auf diese Weise kann ich nützlich sein, nicht indem ich all dem Müll über das zuhöre, was nicht funktioniert.

Oft erkennen wir schon, welches Problem jemand hat, wenn wir ihm nur ins Gesicht blicken. Wenn wir auf jemandes Gesicht Verzweiflung sehen, ist es nebensächlich, dass wir uns gar nicht vorstellen können, warum derjenige verzweifelt ist – vielleicht denken wir, diese Person sei glücklich verheiratet, die

Kinder geraten gut, und sie kommt im Supermarkt gut zurecht. Wir sollten jedoch nicht zulassen, dass uns unser Wissen über die sogenannten Tatsachen in dieser Situation unbrauchbar macht. Wir können auf die Person geradewegs zugehen und sagen: „Ich glaube, dass Gott in dir die Freude des Herrn freisetzen will. Sie wird neue Kraft in dein Leben bringen." Die meisten Menschen werden zugeben, dass sie mehr Kraft brauchen können, und wenn wir sagen: „Darf ich mit dir beten?" nehmen sie unseren Dienst mit Freuden an. Wir werden nicht unbrauchbar sein, wir werden mit göttlichem Leben dienen.

Gottes Volk wurde durch viel negatives Predigen verletzt und niedergeworfen. Ihre Glaubensebenen wurden dadurch so sehr verwässert, dass sie Angst davor haben, Gott für etwas zu glauben. Sie suchen jemanden, der ihnen mit Leben dienen kann, und wenn ich meine Bibel richtig verstehe, haben wir das Leben Jesu in uns und können es an andere weitergeben.

Eine andere Anwendung des „befreie mich vom Übel, dass ich keinen Schmerz mehr hätte" im Gebet des Jabez hat mit den Eigenschaften zu tun, die wir von unseren Eltern geerbt und in unserem Leben angenommen haben. Jeder von uns hat vieles von seinen Vorfahren geerbt. Ich führe mein überempfindliches Wesen und meine unglaubliche Dickköpfigkeit auf meine Vorfahren, die Cornwalls, zurück. Ich verteidigte mich immer für diese unerwünschten Charakterzüge in meiner Familie, indem ich sagte: „So bin ich eben. Alle Cornwalls sind so. Ja sicher, meine Gefühle werden oft verletzt, und manchmal rege ich mich auf. Aber meine Mutter war schon so, meine Großmutter, davor ihre Mutter – wir können einfach nichts dagegen machen."

Doch ich habe gelernt, dass wir etwas dagegen machen können. Wir können den Fluch brechen, der von einer Generation zur nächsten weitergegeben wurde, indem wir beten: „Gott, befreie mich! Befreie mich vom Übel, das mich zerbrechen möchte. Befreie mich von jeder Neigung, die deinen Namen nicht verherrlicht. Befreie mich von meiner Vergangenheit und von meinem Erbe, das nur am Zweitbesten ist, von allem, das mich daran hindert, für dich brauchbar zu sein.“ Er wird dieses Gebet hören und so beantworten, dass es uns in Erstaunen versetzt. Wir brauchen nicht Opfer unserer Vergangenheit zu sein; sie wurde gesühnt. In Jesus können wir im *Jetzt* leben, als hätte es die Vergangenheit nie gegeben.

Ich kann auf Golgatha blicken und mir vorstellen, wie Jesus zu Satan sagt: „In Ordnung, Satan. Am 22. August 1929 werden Beulah und Espie Cornwall in Reno, Nevada, ein kleines Mädchen bekommen. Sie werden sie Iverna nennen, und sie wird viele Dinge tun – sie wird rebellisch und dickköpfig sein, sie wird betrügen und lügen, heiraten und sich scheiden lassen und eine Menge anderer Dinge tun, die nicht mein bester Wille für sie sind. Doch ich stehe jetzt hier, um die Strafe für alles Falsche, was sie je tun wird, im Voraus zu bezahlen. Du kannst es alles mir auferlegen.“ Auf Golgatha, als Er sagte: „Es ist vollbracht!“ *war* es für immer vollbracht.

Ich brauche mich nicht von meiner Vergangenheit gefangen nehmen zu lassen; wir alle nicht. Jesus hat alles übernommen. Wenn wir das wirklich glauben und für unser Leben in Anspruch nehmen, werden wir auf einem ganz neuen Weg gehen und nicht mehr wegen all der falschen Dinge in unserem Erbe und unserer Vergangenheit zur Unbrauchbarkeit verdammt sein.

Als er betete, dass Gott ihn vom Übel befreien möge, erkannte Jabez, dass die Vergangenheit ein Teil von ihm war, doch er wollte davon nicht länger eingeschränkt werden.

„Gott, mein Name ist Jabez. Er bedeutet: ‚Schmerzhaft‘. Bitte bewahre mich davor, wegen meines Namens unbrauchbar zu werden. Gott, lass mich nicht gemäß meinem Namen leben. Lass mich gemäß deiner Macht und Stärke, deiner Freude leben.“

Als Teenager neigte ich zu Depressionen. Damals wurde es „Launenhaftigkeit“ genannt. Wenn ich gute Laune hatte, war ich das Leben in Person. Aber wehe, wenn ich schlechte Laune hatte.

Eines Tages sagte meine Tochter zu mir: „Mama, ich bin so launisch wie du warst, stimmt's?"

„Ja", stimmte ich ihr zu. „Du bist ein sehr launischer Mensch." Sie war jedoch anders launisch als ich. Wenn sie gute Laune hatte, war sie ein Engel, wenn sie schlechte Laune hatte, war sie kein solcher Tyrann, wie ich es war. Sie war still und in sich gekehrt, offensichtlich eine Frau Gottes, doch sie konnte dann zwei oder drei Tage lang kaum lächeln.

„Nun", wollte Debbie wissen, „wie kamst du aus deinen Launen heraus?"

Ich brauchte es ihr nicht zu sagen. In dem Augenblick, in dem sie daran interessiert war, herauszukommen, war sie schon fast draußen. Wir sprachen noch ein wenig über diese Dinge.

„Debbie", sagte ich ihr, „du brauchst nicht so launisch zu sein, wie ich es war. Du brauchst keine dieser schlechten Eigenschaften zu übernehmen, die in meinem Leben waren. Ich muss sie auch nicht mehr herumschleppen. Sieh mich einfach an, entscheide, was dir nicht an mir gefällt, und beschließe willentlich, auf diesen Gebieten nicht so zu sein. Du wirst es schaffen, weil Jesus will, dass du vollkommen Sein Ebenbild bist, nicht meines."

Ungläubige bleiben in den Familien stecken, in die sie hineingeboren werden, doch das gilt nicht für Gläubige. Unser Herr meinte es ernst, als Er sagte: „Siehe, ich mache alles neu; ich mache Gläubige zu neuen Kreaturen, wenn sie ihr Vertrauen auf mich setzen" (Offb. 21,5 und 2. Kor. 5,17, umschrieben).

Wir können glauben, dass Jabez wegen seines Gebets ein Mann wurde, der nicht länger traurig, sondern voller Freude des Herrn war.

Es gibt nichts, was wir brauchen, wofür Jesus nicht gesorgt hätte. Jede Fessel kann gesprengt werden; jeder Teil unseres gefallenen Erbes kann gesühnt werden; jede Sünde in unserem Leben kann zu Seiner Ehre verändert werden. Doch Er wird es nicht tun, solange wir gegen Ihn kämpfen und ständig dies und jenes und noch etwas anderes wollen. Er wird unseren Willen nicht vergewaltigen. Er wirkt in uns das Wollen, bevor Er in uns das Tun wirkt.

Die Kinder Israels hatten Probleme auf diesem Gebiet. Sie sagten ständig: „Wir wollen, wir wollen, wir wollen.“ Eines, was sie wollten, waren Wachteln. Gott sagte: „In Ordnung, ihr wollt sie, ihr wollt sie, ihr wollt sie; ihr könnt sie haben und haben und haben.“

Es dauerte nicht lange, bis sie bekannten: „Gott, wir sind dessen, was wir wollten, überdrüssig.“ Dasselbe geschieht mit uns, immer wieder, bis wir schließlich lernen, dass das, was *wir* wollen, nicht immer das Beste für uns ist.

Wenn wir nicht zerrissen werden wollen, müssen wir ganz werden. Wir müssen alles vereinen, wir müssen Herz und Mund in Übereinstimmung bringen.

Eines Abends stand ich auf einer Kanzel und sang mit der Gemeinde zusammen Worte des Lobpreises. Meine Hände waren erhoben, und wir sangen alle, wie sehr wir Jesus lieben. Plötzlich wurde mir bewusst, dass die Worte, die aus mir herauskamen, eine Farce waren. Es war ein Kopfwissen der Tatsache, dass ich Ihn liebe, weil ich wusste, dass Er mich liebt, doch in mir war kein Gefühl von Liebe. Als ich auf die Gemeinde blickte, sah ich einige Menschen, die so offensichtlich voller Liebe zu Ihm waren, dass man es am Blitzen und Leuchten ihrer Augen sehen konnte, wenn sie nach oben blickten und Ihm ihre Liebe zusangen.

„Herr“, bekannte ich, „ich schäme mich, dir das zu sagen, aber ich fühle mich ganz zerrissen. Ich bin durcheinander, Herr. Ich weiß nicht, was mit mir nicht stimmt. Mein Verstand sagt mir, dass ich dich liebe, doch meinen Gefühlen ist deine Liebe zu mir oder meine Liebe zu dir gar nicht bewusst. Was stimmt nicht, Herr?“

„Iverna“, schien Er zu sagen, „dein Kanal, durch den du Liebe gibst und empfängst, ist verstopft, weil dich jemand verletzt hat. Du hast Angst, wieder verletzt zu werden, daher versuchst du dich selbst zu schützen, indem du sagst: ‚Ich will nicht, dass mein Herz noch einmal gebrochen wird, daher werde ich nie wieder lieben.' Deshalb kannst du mich jetzt nicht lieben. Du weigerst dich, nachzugeben und Liebe weiterzugeben."

Ich wusste, dass Er den Nagel auf den Kopf getroffen hatte.

„Das klingt richtig, Herr", bekannte ich. „Doch was kann ich dagegen tun? Ich fürchte, mich verletzbar zu machen und wieder verletzt zu werden."

Seine Antwort kam direkt aus 1. Johannes 4,10: „Die Liebe besteht nicht darin, dass du mich liebst, Iverna, sondern dass ich dich liebe. Es beginnt nicht bei dir; es beginnt bei mir. Kannst du meine Liebe empfangen?"

„Ja, Herr, ja! Das kann ich. Herr, jetzt, in diesem Augenblick, strecke ich mich aus und empfange deine Liebe für mich." Es war, als bekäme ich eine ganze Wagenladung voll, und ich umarmte mich selbst damit. Der Kanal war wieder frei, und ich lobte den Herrn innig. Ich hatte das Allerheiligste betreten und war in Seiner Gegenwart. Wir sagten uns gegenseitig Worte voller Liebe. Es war wunderbar.

Und es dauerte an. Als ich von der Kanzel herunterstieg, rief ich: „Halleluja! Ich liebe euch! Jesus liebt euch! Ist Jesus nicht wunderbar?"

Ich „überschlug die Kosten" und erkannte, dass die Tatsache, Seine Liebe zu mir und meine Liebe zu Ihm zu spüren und nicht davon abgeschnitten zu sein, es wert war, weiter in meinem Leben verletzbar zu bleiben.

Wir können beten: „O Gott, befreie mich vom Übel, dass es mich nicht zerreisst und mich fürchten lässt, ich sei zu verletzlich, um zu lieben. Herr, bewahre mich davor, zerrissen und für dich unbrauchbar zu werden."

8

Erhörtes Gebet

Im Gebet des Jabez lesen wir am Schluss: „Und Gott ließ kommen, was er bat“ (1. Chron. 4,10). Das Wort für „ließ kommen“ weist darauf hin, dass es sich um etwas Beständiges, Andauerndes handelte, ein Erhören, das sich über eine Zeitdauer entwickelte. Gott begann, im Leben des Mannes zu wirken und arbeitete weiter daran. Jabez hatte sich Ihm geöffnet, indem er sagte: „Herr, segne mich, denn ohne den Segen des Herrn bin ich unbrauchbar. Erweitere meine Grenzen, Herr. Brich die Mauern, die Vorurteile, die Barrieren und Grenzen nieder. Lass Gott in mir größer und weiter werden. O Gott, lege deine Hand auf mich. Lass mich deine Autorität, deinen Schutz, deine Führung, deine Versorgung und auch deine Läuterung kennen lernen. Ich muss wissen, dass deine Hand über mir ist, Herr. Und lass mich nicht durch mein Erbe unbrauchbar für dich werden. Bewahre mich davor, durch etwas, was andere Menschen und Umstände in mein Leben brachten, gehindert zu werden. Lass mich den Namen und das Wesen der Herrschaft Jesu Christi haben, damit ich in Ganzheit erhalten werde, vereint mit dem Leib Christi.“

Wenn wir das Gebet sprechen, das Jabez für sich gebetet hatte, kommt eine Stimme vom Himmel: „Ich höre dieses Gebet. Ich, der Herr, dein Gott, werde es erhören.“

Vor langer Zeit wurde uns gelehrt, dass wir nach einem Gebet jahrelang darauf warten müssen, erhört zu werden. Wir studierten Beispiele im Wort Gottes, die uns Geduld lehren sollten. Zum Beispiel Elisa: Er ging zehn Jahre mit Elia, bevor er den Dienst bekam, den er sich wünschte. Es gibt in der Bibel viele andere Beispiele dafür, bei denen Zeit eine große Rolle für die Erfüllung der Zusagen Gottes spielt.

Wenn wir Gottes Wort betrachten, finden wir aber auch eine überraschende Zahl von Menschen, die fast sofort Antworten auf ihre Gebete erwarteten – und erhielten. Manchmal antwortete Gott, bevor sie riefen. Manchmal wiederum kam die Antwort so schnell, dass sie schon unterwegs gewesen sein muss, bevor der Prophet seine Bestellung überhaupt abgegeben hatte.

Gott sandte Daniel regelrecht eine Entschuldigung für die Verzögerung von einundzwanzig Tagen zwischen seinem Gebet und dem Kommen der Antwort. Der Engel Gabriel sagte: „Die Verspätung tut mir Leid, Daniel, alter Junge. Wir hatten Schwierigkeiten, durch die Probleme zu kommen – der Prinz von Persien versuchte, deinen Segen zurückzuhalten, doch Michael half mir, es zu schaffen." Die Verzögerung kam nicht deswegen, weil Gott nicht schnell handeln wollte, sondern, weil Satan dazwischenfunkte.

David erhielt anscheinend eine schnellere Antwort:

> *Am Tag, an dem ich zu dir rief, hörtest du mein Gebet und antwortetest mir (Ps. 138,3, umschrieben).*

Normalerweise predigen wir heute nicht dieses sofortige Eingreifen. Wir predigen den Menschen eher, dass sie auf den Herrn warten und nichts *schnell* erwarten sollen. Das ist ein Fehler. Zugegeben, es gibt Zeiten, in denen wir lernen, auf den Herrn zu warten, doch wir sollen jedes Mal, wenn wir beten, etwas erwarten.

„Herr, liebe mich heute", beten wir. Wenn wir Seine Stimme zu uns sagen hören, dass wir warten sollen, können wir antworten: „Amen." Doch wir sollten nicht mehr beten: „Herr, ich bitte dich einfach, dass du mich mit deiner Liebe, deinem Leben und deinem Licht erfüllst, aber es ist nicht so dringend. Es macht mir nichts aus, bis nächstes Jahr zu warten. Eigentlich bin ich fast erleichtert, wenn ich lange warten muss."

Ich denke, der Herr antwortet auf solche Gebete: „Ich gewähre deine Bitte – aber halte sie auf unbestimmte Zeit zurück." Wenn wir kein Interesse an einer sofortigen Antwort haben, warum sollte Er sie per Eilzustellung schicken? Wenn wir auf unsere Gebete keine Antwort erwarten, üben wir keinen Glauben aus. Wir erwarten nicht einmal, dass Gott etwas für uns tut. Doch lesen wir in allen Berichten im Wort Gottes, dass Gott etwas tat, wenn Menschen wirklich beteten. Wir sollen nicht beten und denken, dass Gott unsere Gebete vielleicht in fünf Jahren erhören wird. Er will es *jetzt* tun.

Bei Fürbittegebeten muss Gott die Antwort manchmal so lange zurückhalten, bis derjenige, für den wir beten, dazu bereit ist, sie zu empfangen. Gott verletzt die freie moralische Handlungsfähigkeit der Menschen nicht, und es kann einige Zeit dauern, bis die Umstände und Ereignisse alles so weit vorbereitet haben, dass derjenige, für den wir beten, das empfangen kann, was Gott für ihn tun will. Wenn wir für uns selbst beten und wissen, dass wir alle Bedingungen erfüllen, können wir eine sofortige Antwort erwarten.

Wir können beten: „Herr, ich möchte deinen Willen hierin wissen. Ich schlage vor, es so zu machen, wenn du zustimmst. Ich habe deine Bedingungen erfüllt. Ich habe mich im Herrn erfreut, und deshalb erwarte ich, dass du mir diesen Herzenswunsch erfüllst oder diesen Wunsch aus mir herausnimmst. Amen."

Nach einem solchen Gebet werden wir zweierlei erleben. Entweder wir werden unseren Herzenswunsch erfüllt bekommen, weil Gott ihn uns ins Herz gelegt hat, oder Gott lässt uns erkennen, dass wir es eigentlich gar nicht wollen.

Ich glaube nicht daran, dass es Gebete gibt, die ohne Antwort bleiben. Gott kann ‚nein' zu meinen Bitten sagen, doch Er kann mich nicht ignorieren, wenn ich meinen Teil der Bedingungen erfülle und mich innerlich nichts daran hindert, Seine Antwort zu empfangen.

Wenn Sie auf ein Gebet keine Antwort erhalten, prüfen Sie sich selbst bezüglich der Voraussetzungen, die in der Bibel dargelegt sind. Wenn Sie erkennen, dass Sie alle Voraussetzungen erfüllen, können Sie zum Herrn gehen und sagen: „Nun, Gott, du bist ein Gott, der nicht lügen kann, und du hast versprochen zu geben; ich möchte empfangen oder wissen, warum ich nicht empfange."

Was sind die Anforderungen an uns? Und was kann unsere Gebete daran hindern, zu Ihm durchzudringen oder Seine Antworten hindern, zu uns durchzudringen?

Ich sehe im Allgemeinen zehn Hindernisse für Antworten auf unsere Gebete. Es sind:

1. Ungehorsam
2. Heimliche Sünde
3. Gleichgültigkeit
4. Unbarmherzigkeit
5. Mangelnde Festigkeit
6. Selbstgefälligkeit
7. Unvergebenheit
8. Eine unbeherrschte Zunge
9. Unehrlichkeit
10. Eine Beziehung zwischen Ehemann und Ehefrau, die in Unordnung geraten ist.

Jeder dieser Faktoren wird in der Bibel erwähnt, manche mit mehreren Fallbeispielen.

1. Ungehorsam. Wenn wir Gott gegenüber offen ungehorsam sind, können wir nicht erwarten, dass zwischen uns ein freier Kommunikationskanal ist. „Wir wissen, dass Gott nicht auf Sünder hört; sondern wenn jemand gottesfürchtig ist und seinen Willen tut, den hört er" (Joh. 9,31).

Als die Israeliten im Alten Testament ungehorsam waren, erhörte Gott sie nicht (5. Mose 1,45); bei mehreren Gelegenheiten schrie Saul zum Herrn, doch der Herr erhörte ihn nicht (1. Sam. 14,37; 28,6).

Wenn wir in einer Sache gegen Gott rebellieren, können wir nicht in einer anderen Sache beten und erwarten, dass wir erhört werden. Zuerst muss unser Ungehorsam bereinigt werden. Was können wir sagen?

„Gott, es tut mir Leid. Ich tue jetzt Buße. Bitte vergib mir. Ich werde dir gehorchen."

Dann können wir weiter für andere Dinge beten.

2. Heimliche Sünde. Jede heimliche Sünde in unserem Leben blockiert unsere Kommunikation mit Gott. Der Psalmist sagt: „Hätte ich Böses im Sinn gehabt, so hätte der Herr mich nicht gehört" (Ps. 66,18, Gute Nachricht).

Böses ist heimliche Sünde, etwas, das in uns verborgen ist, eine Sünde, die die Welt an uns nicht erkennen kann.

Wenn wir in offenem Ungehorsam leben, können wir ihn nicht leugnen. Jeder weiß das. Doch heimliche Sünden können wir ganz gut vor den Menschen verbergen, die für uns beten. Sie könnten sagen: „Gott, ich weiß, dass dieses Leben vor dir rein ist. Sie hat alles aufgegeben, um dir nachzufolgen, Herr."

Die ganze Zeit, in der sie unsere untadelige Aufrichtigkeit loben, sagt der Herr zu uns: „Lügner, Betrüger. Du und ich, wir wissen, was unten in einer Ecke deines Herzens ist. Willst du es jetzt loswerden, willst du, dass ich es den anderen erzähle, oder wollen wir einfach eine Zeit lang nicht mehr miteinander sprechen? Zum Beispiel keine erhörten Gebete?"

Bevor wir uns nicht die heimliche Sünde ausreißen lassen wollen, können wir nicht mit Ihm sprechen und erwarten, dass Er uns hört.

3. Gleichgültigkeit. Gott sagt uns: „Das Gebet eines Gerechten vermag viel ..." (Jak. 5,16). Er sagt uns nicht, dass gleichgültige Gebete überhaupt etwas vermögen. Wenn wir gleichgültig sind, sind wir nicht für eine Antwort bereit. Damit wir Antworten erhalten, muss uns eine Sache so wichtig sein, dass wir detailliert und inbrünstig beten und eine Antwort erwarten.

Wir müssen entscheiden, was uns wirklich wichtig ist, und nicht verallgemeinern, damit wir solch nutzlose Gebete verhindern: „Herr, es ist für mich in Ordnung, wenn du mich segnen willst. Du kannst mich ruhig erweitern. Lass dich nicht davon abhalten, deine Hand über mich zu halten. Herr, eigentlich – (gähn) – könntest du dir ja selbst überlegen, was du tun willst, und es dann einfach tun. Du hast meine Erlaubnis. Was immer du tust, ist für mich in Ordnung."

Gebete eines so Gleichgültigen werden nicht einmal Ameisenhaufen, geschweige denn Berge versetzen.

4. Unbarmherzigkeit. „Wer sein Ohr vor dem Geschrei des Armen verstopft, der wird auch keine Antwort kriegen, wenn er ruft" (Spr. 21,13). Dieser Vers stellt deutlich dar, dass unsere Gebete Zeit- und Wortverschwendung sind, wenn wir um Barmherzigkeit bitten und selbst nicht barmherzig sind.

„Willst du Barmherzigkeit?", fragt uns der Herr.

„Ja, Herr, natürlich. Ich brauche jeden Tag neue Barmherzigkeit."

„Ich gebe meine Barmherzigkeit den Barmherzigen", sagt Er (Matth. 5,7). „Wenn du anderen gegenüber nicht barmherzig bist, kannst du auch nicht für dich selbst um Barmherzigkeit bitten."

Wenn wir uns in eine Lage bringen, in der wir nicht um Barmherzigkeit bitten dürfen, können wir auch um nichts anderes bitten. Dann ist unser ganzes Gebetsleben ausgelöscht.

5. Mangelnde Festigkeit. Ein Mensch, dem es an Festigkeit mangelt, erhält garantiert *keine* Antwort auf seine Gebete:

> *Er bitte aber im Glauben und zweifle nicht; denn wer zweifelt, gleicht der Meereswoge, die vom Winde hin und*

> *her getrieben wird. Ein solcher Mensch denke nicht, dass er etwas von dem Herrn empfangen werde (Jak. 1,6-7).*

Jemand, der zweifelt, kann nichts vom Herrn empfangen, weil er nicht weiß, was er eigentlich will. Er kippt nach vorne und nach hinten, von einer Seite zur anderen. An einem Tag möchte er Gottes Willen, am nächsten Tag möchte er lieber seinen eigenen Willen.

„Segne mich in dieser Sache, Herr!", schreit er inbrünstig. Am nächsten Tag hat er das Projekt schon wieder aufgegeben und sich in ein neues gestürzt. „Vergiss das andere, Herr. Segne mich lieber in dieser Sache."

„Ich kann dir nicht viel helfen, solange du dich nicht entscheidest, worin ich dich segnen soll", sagt der Herr. „Außerdem kommt mein Engel, der damit beauftragt ist, Antworten auf Gebete auszuliefern, deinen immer neuen Bitten gar nicht hinterher."

6. Selbstgefälligkeit. Aus falschen, rein eigensüchtigen Motiven heraus gesprochene Gebete werden nicht erhört. Gottes Wort sagt uns:

> *… ihr bittet und bekommt es nicht, weil ihr übel bittet, um es mit euren Wollüsten zu verzehren (Jak. 4,3).*

Bitten wir Gott um etwas, das wir für unsere eigenen selbstsüchtigen Wünsche verwenden wollen, wäre es nicht gut, wenn wir es bekämen; deshalb wird Er es uns nicht geben, wie oft wir Ihn auch darum bitten.

„Herr, bitte gib mir mehr Geld und Ruhm. Lass meinen Namen berühmt werden. Lass die Leute sich darum reißen, von mir ein Autogramm zu bekommen. Ich hätte gerne eine Jacht, Bedienstete, Schmuck …"

Wer betete dieses Gebet? Eine Frau, von der man nie etwas hörte. Sie steht irgendwo für eine Suppe an. Gottes Antwort auf ihr selbstsüchtiges Gebet war ein deutliches Nein.

Manchmal muss Gott geistliche Gaben zurückhalten, weil derjenige, der darum bittet, nicht reif genug dafür ist, mit den damit verbundenen Konsequenzen umzugehen und sie zu seinem eigenen Nutzen missbrauchen würde.

Effiziente Diener des Evangeliums haben die Macht der Überzeugung und können bei ihren Zuhörern Glauben wecken, wenn sie ihr „Produkt“ so darstellen, dass die Menschen das wollen, was sie anbieten. Diese Fähigkeiten sind Gaben Gottes.

Stellen wir uns einmal vor, ein Mann hätte viele dieser Gaben. Er kann sich in einer Situation, in der jeder hoffnungslos und verzweifelt ist, eine leidvolle Geschichte widriger Umstände anhören und die Menschen dazu bringen, sich im sicheren Bewusstsein darüber zu freuen, dass Gott alles so schnell zum Guten wenden kann, dass sie es kaum erwarten können. Die Menschen neigen von Natur aus dazu, so jemanden auf ein Podest zu stellen.

„Wenn er betet, passiert wirklich etwas!“, sagen sie, und sie haben Recht.

Wenn Gott das Herz dieses Mannes nicht tiefgehend verändert, bevor Er ihm solche Gaben schenkt, sind Probleme vorprogrammiert. Auf seinem Podest könnte stehen:

„Kommt, kommt alle. Lasst mich für euch beten. Nur 4,98 Dollar pro Bitte.“

7. Unvergebenheit. Es ist gut, um Vergebung zu beten, doch auch hier gibt es genau festgelegte Voraussetzungen, bevor Gott uns als Antwort auf unser Gebet vergeben kann:

> *Und wenn ihr steht und betet, so vergebt, wenn ihr etwas wider jemand habt, damit auch euer Vater im Himmel euch eure Fehler vergebe. Wenn ihr aber nicht vergebt, so wird auch euer Vater im Himmel eure Fehler nicht vergeben (Mark. 11,25-26).*

Im Vaterunser beten wir, dass Gott uns so vergibt, wie wir einander vergeben. Dies ist wirklich ein Furcht einflößendes Gebet. Wir sollten damit auf die Knie gehen und rufen: „Vater, hilf mir, anderen so zu vergeben, wie du mir schon vergeben hast."

Gott arbeitet im Leib Christi immer wieder neu an unseren Beziehungen zueinander. Wir müssen Menschen vergeben, die unsere Vergebung offensichtlich nicht verdienen. Vielleicht haben sie uns Unrecht getan und nie gesagt: „Es tut mir Leid." Es kümmert sie gar nicht, ob wir ihnen je vergeben. Doch der Herr sagt: „Vergib ihnen trotzdem. Ich möchte, dass dein Gebetskanal frei ist, damit ich meinen Segen auf dich ausschütten kann. Dieser Kanal ist verstopft, solange noch Unvergebenheit darin ist."

Unvergebenheit wirkt wie ein Korken auf einem Gefäß. Er muss herausspringen, damit unser Kanal der Liebe und des Glaubens voll fliessen kann.

8. Eine unbeherrschte Zunge. Eine Zunge, die nicht unter der Kontrolle des Heiligen Geistes steht, eine Zunge, die dafür verwendet wird, Stolz auf eigene Errungenschaften und Gerede über andere Menschen auszudrücken, ist keine Zunge, die wirksames Gebet zum Vater tragen kann. Mit dem Vater kann nur derjenige eine bedeutungsvolle Gemeinschaft im Gebet haben, der „keine Verleumdungen herumträgt auf seiner Zunge, seinem Nächsten nichts Böses tut und seinen Nachbarn nicht schmäht" (Ps. 15,3).

Der Christ, der sich immer für besser als andere hält, der mit dem Finger auf andere deutet und mit Anspielungen herumläuft, „wenn ihr wüsstet, was ich weiß", sollte keine Antworten auf seine Gebete erwarten. All dieser Müll verstopft seine Empfangskanäle völlig. Es ist, als sagte Gott zu ihm (oder zu ihr): „Tut mir Leid, du kannst das, worum du gebeten hast, nicht bekommen. Es ist keine Öffnung da, durch die ich deinen Herzenswunsch erfüllen könnte."

Im Buch des Propheten Jesaja finden wir eine weitere Bibelstelle, die darauf hindeutet, dass Gerüchte ein Hinderungsgrund für Gebetserhörungen sind:

Dann werdet ihr zu mir rufen, und ich werde euch antworten; wenn ihr um Hilfe schreit, werde ich sagen: ‚Hier bin ich!' Wenn ihr aufhört, andere zu unterdrücken, mit dem Finger spöttisch auf sie zu zeigen und schlecht über sie zu reden" (Jes. 58,9, Gute Nachricht).

9. Unehrlichkeit. Es gibt nur eine Möglichkeit, sich dem Herrn zu nähern, und das ist mit völliger Ehrlichkeit auf allen Gebieten.

Gott wirft uns unsere Vergangenheit nicht vor. Er kümmert sich nicht darum, was unsere Vergangenheit enthält – außer, wenn wir deswegen lügen. Wir können nicht zum Herrn kommen und sagen: „Herr, du weißt, dass ich deinen ganzen Willen tun möchte", wenn wir Seinen Willen überhaupt nicht wollen. Wir können Gott nicht täuschen, weil Er immer in unser Herz blickt. Er kennt uns viel besser, als wir uns selbst kennen. Er ist uns nicht böse, wenn wir sagen: „Herr, ich bekenne dir, dass ich auf diesem Gebiet noch immer meinen eigenen Willen möchte. Bitte bring mich so weit, dass ich deinen Willen möchte. Mach mich dazu bereit, von dir verändert zu werden."

Gott wirft uns auch unsere Gegenwart nicht vor, solange wir diesbezüglich ehrlich sind.

Äußerlich stand ich an einem Sonntagmorgen auf der Kanzel einer Gemeinde und lobte den Herrn im Lied: „Süßer Jesus, süßer Jesus." Doch innerlich war ich zu Hause und stellte den Braten in die Röhre.

„Ungefähr 250 Grad, denke ich. Und ich werde auch einige Kartoffeln backen. Ich hoffe, dass alles um viertel nach eins fertig ist …"

Mit geschlossenen Augen und erhobenen Händen sangen meine Lippen, „du bist wertvoll, wertvoller als Gold". Doch mit meinen Gedanken war ich noch immer zu Hause in der Küche und überlegte, welchen Salat ich machen wollte.

„Ich bin nicht nur wertvoller als Gold, ich bin auch wertvoller als das Mittagessen", erinnerte mich der Heilige Geist.

Sofort tat ich Buße.

„Entschuldige, Herr. Du hast ja Recht. Ich höre jetzt auf, darüber nachzudenken, was heute noch alles sein wird. Ich werde dich jetzt loben." Wir sangen das Lied noch einmal, „Süßer Jesus, süßer Jesus, welch ein Wunder du bist ..." und dieses Mal stimmte mein Herz mit meinem Mund überein. Als ich in Ehrlichkeit und Ernsthaftigkeit vor Gott stand, fühlte ich, wie Sein Segen mich durchströmte.

10. Eine Beziehung zwischen Ehemann und Ehefrau, die in Unordnung geraten ist, unterbricht unsere Gebete:

> *Gleicherweise sollen auch die Frauen ihren eigenen Männern untertan sein, damit, wenn auch etliche dem Worte nicht glauben, sie durch der Frauen (Wandel ohne Worte werden) ... Und ihr Männer, wohnet mit Vernunft bei dem weiblichen Teil als dem schwächeren und erweist ihnen Ehre als solchen, die auch Miterben der Gnade des Lebens sind, und damit eure Gebete nicht gehindert werden (1. Petr. 3,1.7).*

Wenn sich Ehefrauen und -männer nicht gegenseitig ehren, werden ihre Gebete in eine Sackgasse geraten. Und Frauen und Männer, die zwar mit anderen, doch nicht zusammen beten, geben dem Feind eine Möglichkeit, bei denjenigen, die mit seinen Mitteln nicht vertraut sind, Zerstörung anzurichten.

Wenn Sie sich ernsthaft daranmachen, täglich gemeinsam Zeit im Gebet vor dem Herrn zu verbringen, wird in Ihnen ein sanft machender Prozess stattfinden. Ihre Verteidigungsanlagen brechen nieder, während Liebe Sie auf eine Art durchfließt, wie Sie es nie zuvor erlebt haben. Sie werden den Wunsch haben, diese Liebe über denjenigen (oder diejenige) zu schütten, mit dem (oder mit der) Sie beten.

Passen Sie auf, wenn dies nicht Ihr Ehemann oder Ihre Ehefrau ist! Sie verspüren vielleicht eine solche Einheit „im Geist" zu der Person, mit der Sie beten, dass Sie alle Gesetze, die Gott zu Ihrem Schutz aufgestellt hat, missachten könnten.

Schon zu oft musste ich die Scherben aufsammeln, wenn zwei Leute in einer ungebührlichen Beziehung zu weit gingen, weil sie dachten, es sei der Segen Gottes, nur weil sie sich so religiös und sanft fühlten. Alle Sanftheit der Welt ändert nichts an der Tatsache, dass Sünde Sünde ist. Der Geist des Herrn sagt uns, dass wir uns vor solchen Dingen hüten, unsere Liebe für unsere Brüder und Schwestern auf einer brüderlichen und schwesterlichen Ebene halten und nicht in Satans Falle geraten sollen. Alles bleibt in gottgefälliger Ordnung – außer wir lassen Unordnung zu.

Ehemänner und -frauen, denen es gelingt, zusammen zu beten, haben ein Band, das stärker als der kräftigste Klebstoff ist. Zusammen können sie zehntausend Feinde in die Flucht schlagen. Ich sehe heute in vielen Familie ein gestliches Hin-und-Her-Schwanken. Wenn es der Frau gut geht, geht es dem Mann schlecht. Wenn es dem Mann gut geht, geht es der Frau schlecht. Anstatt sie die Zusagen Jesu anwenden, „... wenn zwei von euch übereinkommen werden auf Erden ..." (Matth. 18,19) und die Freisetzung desjenigen, der „unten" ist, beanspruchen, schwanken sie weiter hin und her. Dies freut den Feind, der weiß, dass er das Haus zerbricht, wenn er es schafft, sie weiter getrennt zu halten. Sieg oder Niederlage zu Hause spiegeln sich in Sieg oder Niederlage der Gemeinde und der Gemeinschaft wider.

Wenn zwei zusammen arbeiten, *können* sie zehntausend in die Flucht schlagen. Der Teufel weiß das; deshalb strengt er sich so an, Ehemänner und -frauen von wahrer Einheit im Herrn abzuhalten, weil sie die Stärke der in sie gelegten Macht erkennen würden.

Gott sagt: „Schreit nicht zu mir, bevor ihr nicht die Voraussetzungen erfüllt, die ich in meinem Wort festgelegt habe. Wenn ihr jedoch die Voraussetzungen erfüllt und es euch mit mir ernst ist, werde ich ernsthaft euch gegenüber." Wenn wir hören, was Er sagt, und es tun, werden wir Macht von Gott und Macht vor den Menschen haben.

So viel zu den Gründen für nicht erhörtes Gebet. Welche positiven Voraussetzungen gibt es, die Antworten garantieren?

1. Wir erhalten ganz sicher Antworten auf unsere Gebete, wenn wir Ihm Sein Wort bekennen:

> *Wenn ihr in mir bleibt und meine Worte in euch bleiben, mögt ihr bitten, was ihr wollt, so wird es euch widerfahren (Joh. 15,7).*

Die höchste Form des Gebets ist das Bekennen des Wortes Gottes.

„Wenn mein Wort in euch bleibt", sagt Gott, „könnt ihr es vor mich bringen, und ich werde es ehren. Ihr könnt bitten, worum ihr wollt, ich werde es für euch tun."

„Danke, Herr. Dein Wort sagt ..." Vielleicht nennen wir eine bestimmte Zusage, die mit Heilung oder einem anderen Bedürfnis in unserem Leben zusammenhängt.

„Willst du das, Iverna?"

„Ja, Herr, ich will es von ganzem Herzen."

„Dann bekommst du es auch", wird Er sagen. Gott wirkt durch den Kanal Seines Wortes. Er hält Seinen Teil ein, wenn wir unseren Teil einhalten.

2. Unsere Gebete werden erhört, wenn wir um etwas bitten und glauben, dass wir es erhalten.

> *Darum sage ich euch: Alles, was ihr im Gebet verlangt, glaubt, dass ihr es empfangen habt, so wird es euch zuteil werden (Mark. 11,24).*

Dies ist eine solch ungeheure Zusage, dass wir, wenn wir sie wirklich glaubten, über den Wolken schweben würden. Wir sollen um das bitten, was wir wollen, und glauben, dass wir es haben. Wir können dem Herrn vertrauen, dass wir Ihn um unseren Herzenswunsch bitten können, und wissen, dass Er, wenn das, worum wir bitten, nicht gut für uns ist, unseren Wunsch ändern wird. Wir sind nicht Herr unserer Gebete; Er ist es.

Einmal kam in einer Konferenz eine Frau auf mich zu und sagte: „Mein Mann und ich, wir müssen Gottes Willen bezüglich einer bestimmten Sache in unserem Leben wissen. Wir wollen, dass Er uns in unserer Entscheidung leitet."

Mehrere Leute stellten sich um sie und halfen uns, den Herrn zu loben und zu beten: „Herr, bitte zeig uns deine Richtung für dieses Ehepaar. Wir brauchen eine Antwort von dir, und wir glauben dir dafür."

Als wir vor dem Herrn warteten, kam eine Frau mit einer geöffneten Bibel auf uns zu, die dieses Gebetsanliegen nicht gehört hatte.

„Haben Sie ein Wort für uns?", fragte ich sie.

„Ich glaube schon", sagte sie und las einen Abschnitt vor. Dieser Abschnitt war für das Ehepaar eine so direkte Antwort, dass wir alle völlig verblüfft waren. Die Frau, die die Bibelstelle vorgelesen hatte, erklärte uns später, was geschehen war.

„Ich saß heute einfach mit meiner Bibel da und hatte eine Zeit, in der ich auf Gott hören wollte", sagte sie. „Ich hatte Ihn darum gebeten, mir Seinen Willen für bestimmte Dinge in meinem Leben zu zeigen und blätterte die Bibel nur so durch, las ab und zu einen Abschnitt, wie mich der Geist leitete. Als ich auf diese bestimmte Bibelstelle stieß, erschien mir das als nichts Besonderes, ich las sie nur, blätterte weiter und fand eine Stelle, die mich ansprach. Doch der Herr schien mir zu sagen: ‚Blättere zurück, lies diese Stelle noch einmal durch und vergiss nicht, wo sie steht.' Ich wusste nicht, warum Er das sagte, doch ich gehorchte, und jetzt, als ich Sie alle beten sah, schien Er mir zu sagen: ‚Weißt du die Bibelstelle noch, die ich dir gezeigt habe? Sie ist für sie bestimmt.'"

3. Unsere Gebete werden erhört werden, wenn wir das, was wir brauchen, von ganzem Herzen suchen.

> *... ihr werdet mich suchen und finden, wenn ihr mich von ganzem Herzen suchen werdet (Jer. 29,13).*

Wenn Sie ganz sicher wissen, was Sie von Gott haben wollen, können Sie anfangen, die Tore des Himmels zu bombardieren, und Sie werden das, worum Sie bitten, bekommen.

Heute wird manchmal gepredigt, dass wir eine Sache, um die wir Gott gebeten haben, nie mehr vor ihm erwähnen sollen, außer, um Ihm dafür zu danken. Diese Prediger sagen, man wüsste, dass man empfangen habe, ob man es nun sehen könne oder nicht. Ich kann im Wort Gottes für diese Lehre keine Grundlage finden.

Als Jesus den Menschen riet, nicht wie die Heiden zu beten, die überflüssige Wiederholungen machen und mit ihrem Mund Worte anhäufen (Matth. 6,7), sprach er mit Menschen, die beteten, ohne zu verstehen, was sie sagten. Er sagte nicht, dass wir Gott nur ein einziges Mal bitten dürften.

Manche Menschen können den Rosenkranz aufsagen; sie wissen, warum in jedem Abschnitt zehn Perlen sind und worauf sie ihre Aufmerksamkeit lenken sollen, während sie jedes Gebet wiederholen. Es kann ihnen sehr viel bedeuten. Manche Menschen leiern alles herunter und denken gar nicht darüber nach, was die Worte bedeuten. Sie scheinen nur wenig von dem zu verstehen, was sie tun. Sie sagen einfach alles herunter.

Der Herr sagt: „Sie brauchen nicht zu denken, dass sie für ihre leeren Wiederholungen irgendetwas bekommen. Ich lasse mich davon nicht beeindrucken. Wenn sie nicht zuhören, warum sollte ich es dann tun?"

Der Herr selbst erzählte die Geschichte von der kleinen Frau, die immer und immer und immer wieder zu dem ungerechten Richter ging. Schließlich war er ihrer so überdrüssig, dass er einwilligte.

„Gebt ihr, was sie will!“, befahl er.

Der Herr sagt uns: Was werden wir wohl alles von einem gerechten Richter bekommen, wenn sogar ein ungerechter nach vielem Bitten nachgibt (Luk. 18,7)?

Wenn wir mit Jakob sprechen: „Herr, ich will, ich will, ich will und ich werde dich nicht gehen lassen, wenn du mich nicht segnest“ (1. Mose 32,26), sagt Gott: „Ich denke, sie will das, was sie sagt. Sie hat mich in zwei Tagen schon neunundneunzigmal gefragt. Gabriel, schickst du ihr bitte mal eines von diesen … in Luxusausführung.“

4. Antworten auf Gebete kommen, wenn wir mit jemandem zusammen Gott um etwas bitten.

> *… wenn zwei von euch übereinkommen werden auf Erden über irgendeine Sache, für die sie bitten wollen, so soll sie ihnen zuteil werden von meinem Vater im Himmel (Matth. 18,19).*

Ehemänner und -frauen können zusammen mit Macht beten. Eltern und Kinder können auch übereinstimmen:

„He, Debora, he Daniel, kommt doch mal einen Augenblick her. Könnt ihr euch mit mir eins machen? Ich brauche etwas von Gott!“

Ich weiß nicht, warum Gott es so eingerichtet hat, aber es funktioniert. In meinem eigenen Leben bin ich oft allein – außer, dass Jesus bei mir ist. Manchmal kämpfte ich stundenlang gegen den Feind, weil ich allein war; doch wenn jemand bei mir ist, der seinen Glauben mit meinem vereint und an Sieg über jede Macht der Finsternis glaubt, ist es immer anders.

Natürlich ist auch Platz für das Gebet allein in der Kammer. Manchmal muss ich ganz allein sein, um Ihm alles auszuschütten – und ich kann dabei laut werden und Ihm sagen, was niemanden etwas angeht und ich auch nicht will, dass mich jemand hört. Wir können „Kammer“-Gebete auch in einem

Raum mit tausend anderen Menschen sprechen, die auch ihre Bitten vor Gott bringen. Ich störe sie vielleicht ein bisschen, aber sie stören mich überhaupt nicht. Mitten unter ihnen kann ich die Kammer meiner Gedanken zuschlagen – BUMM! – und so beten, als seien Gott und ich weit und breit die Einzigen.

5. Wenn ein Beter den Willen Gottes tut, werden seine Gebete erhört.

> *Er hört nur auf die, die ihn ehren und seinen Willen befolgen (Joh. 9,31, Gute Nachricht).*

Seine Zusage enthält einen zweifachen Segen, weil die Bibel uns an anderer Stelle zusichert, dass jedes Gebet nach Gottes Willen erhört wird:

> *Und das ist die Freimütigkeit, die wir ihm gegenüber haben, dass, wenn wir seinem Willen gemäß um etwas bitten, er uns hört. Und wenn wir wissen, dass er uns hört, um was wir auch bitten, so wissen wir, dass wir das Erbetene haben, das wir von ihm erbeten haben (1. Joh. 5,14-15).*

6. Unsere Gebete werden erhört, wenn wir gehorsam sind.

> *... und was wir bitten, empfangen wir von ihm, weil wir seine Gebote halten und tun, was vor ihm wohlgefällig ist (1. Joh. 3,22).*

Gemäß der englischen „Amplified Bible" (der erweiterten Bibel) geht es bei diesen Worten hier darum, dass Ihm unser gewöhnliches Handeln gefällt. Es ist eine Sache, in einer bestimmten Situation gehorsam zu sein; es ist eine ganz andere Sache, in ständigem Gehorsam zu leben. Ich kann in einem Gottesdienst singen: „Ich folge, wohin Er mich leitet", und ich folge auch – so lange, bis der Gottesdienst zu Ende ist.

Danach gehe ich aus der Kirche, steige in mein Auto und fahre nach Hause.

„Ich möchte, dass du an der nächsten Ecke nach links abbiegst, Iverna“, könnte Er sagen.

„Aber ich biege immer nach rechts ab und habe es eilig.“

„Ich sage dir, dass du links abbiegen sollst. Erinnerst du dich an das Lied, das du in der Kirche gesungen hast?“

„Natürlich, Herr. Und ich bin dir dort auch gefolgt. Ich folge dir wirklich. Aber jetzt will ich auf dem direkten Weg nach Hause fahren.“

Er lässt mir meinen Willen. Ich biege rechts ab. Nach ein paar Kilometern gerate ich in den größten Stau, den ich jemals erlebt habe. Während ich darauf warte und warte und warte, dass er sich auflöst, wünsche ich, ich wäre gehorsam gewesen. Wäre ich so, wie Er wollte, nach links abgebogen, wäre ich fünfmal schneller zu Hause gewesen. Es hat immer Vorteile, sofort gehorsam zu sein, in Übereinstimmung mit Seinem Willen zu gehen.

Ich erinnere mich daran, wie Gott mir das erste Mal sagte, dass ich in der Gemeinde prophezeien sollte. Ich hatte solche Angst.

„Herr, wenn wirklich du es bist, der mir sagt, ich solle aufstehen und dein Wort aussprechen, beweise es mir, indem du das kleine Kind hier zu weinen anfangen lässt.“

„WAAA! WAAA!“

Die Mutter ging mit dem Kind hinaus, und der Herr sagte: „In Ordnung. Ich habe dein Vlies gewürdigt. Jetzt prophezeie.“

Doch meine Knie zitterten immer noch.

„Herr, wenn du es wirklich bist, lass dieses Kind wieder leise hereinkommen.“

Es kam ohne einen Mucks den Gang entlang.

„Jetzt!“

Doch ich musste Ihn noch einmal prüfen, und schließlich, als ich fürchtete, vom Blitz getroffen zu werden, wenn ich noch länger zögerte, stand ich auf, öffnete meinen Mund und sagte:

„So spricht der Herr …"

Die Worte strömten nur so heraus. Oh, es war wunderbar!

In einem anderen Gottesdienst sagte mir der Herr wieder, dass ich aufstehen und eine Botschaft verkünden solle, die Er mir geben würde. Ich fing wieder an:

„Herr, wenn du es bist, …"

„Einen Augenblick!", sagte Er. „Willst du dich von mir gebrauchen lassen oder nicht?"

„J-j-ja, Herr." Ich stand auf und gab die Prophetie weiter.

Gott will, dass jeder von uns geistlich so reif wird, dass wir Sein Wort sofort jedem weitergeben können. Er möchte, dass wir bei allem mit einem „Ja, Herr. Ja, Herr", weitergehen, damit Sein Wille geschehe wie im Himmel so auf Erden.

Ich glaube nicht, dass die Engel über jede kleine Sache, um die Er sie bittet, erst diskutieren. Sie tun es einfach. Können Sie es sich anders vorstellen? Außerdem braucht Er ihnen wahrscheinlich nicht einmal zu sagen, was sie tun sollen. Er denkt es einfach, und sie tun es. Wenn wir in unserem Leben eine „Ja, Herr. Danke, Herr.-Einstellung" entwickeln und immer stärker im vollkommenen Willen Gottes leben, werden wir den himmlischen Nutzen erkennen, was es heißt, hier auf Erden gehorsam zu sein. Wenn wir die Voraussetzungen erfüllen, können wir den Segen beanspruchen. Der Segen ist immer da, doch wenn wir nicht lernen, ihn zu beanspruchen, wird er uns nicht viel nützen.

7. Unsere Gebete werden erhört, wenn wir in Seinem Namen bitten.

> *… und was ihr auch in meinem Namen bitten werdet, will ich tun, auf dass der Vater verherrlicht werde in dem Sohne (Joh. 14,13).*

Die Gerechtigkeit Gottes erfordert, dass Er zu jeder Kreatur fair ist, sogar zu Satan. Ich, die ich in Gerechtigkeit erzogen war, wandte mich vom Herrn ab und tat zwei abtrünnige, kaputte, rebellische Jahre lang meinen eigenen Willen. Als ich es müde war, meine eigenen Wege zu gehen, die mich von einem Elend ins nächste führten, kehrte ich um zum Herrn, und Er stellte mich wieder auf meinen ursprünglichen Platz in Seiner Familie. Ich kann mir vorstellen, dass Satan vor den Herrn ging und sich darüber beschwerte.

„Es ist nicht gerecht. Du bist hier, segnest das Leben von Iverna Tompkins wieder, salbst sie, gebrauchst sie, bist gut zu ihr. Es ist nicht fair. Sie hat sich von dir abgewandt und ist eine der meinen geworden. Welches Recht hast du, sie wieder so herzustellen, dass sie direkt vor dir stehen kann?“

Jesus hatte schon eine Antwort. Sie steht in Seinem Wort geschrieben.

„Ich hatte ihr versprochen“, sagte Er, „dass sie es bekommen würde, wenn sie in meinem Namen um etwas bäte. Sie hat gebeten.“

9

Hütet euch!

Es gibt sechs „Hütet euch", an die Christen denken sollten, wenn sie so wie Jabez für sich beten.

1. *Hütet euch vor übertriebenem Eifer.* Übertriebener Eifer kann Sie zerreißen, auch wenn Sie beten, dass es nicht passiert. Ich meine damit nicht, dass Sie zusammenbrechen, wenn Sie sich im Gottesdienst zu stark freuen; doch manche Menschen sind so begeistert darüber, dass sie jetzt für den Herrn brauchbare Werkzeuge und Gefäße geworden sind und Er sie gebraucht, dass sie Tag und Nacht rennen. Nach einigen Jahren brechen sie zusammen und müssen zu Hause bleiben. Das geschah fast bei mir.

Eines Tages forderte der Herr diesbezüglich Rechenschaft von mir. „Iverna, du sagst, ich sei Herr in deinem Leben, aber du lässt mich nicht Herr deiner Zeiteinteilung sein."

Meine Einstellung war: „Wenn ich eine Konferenz plane, sage ich sie nie ab." Mir war nicht bewusst, dass es sich hierbei um Stolz handelte, bis es mir der Heilige Geist zeigte. Ich hatte es für gerecht, richtig, fair und rein gehalten.

„Für reiner als alle anderen Prediger, Iverna?"

„Ja, nun ..." und dann erkannte ich, worauf Er hinauswollte.

„Du gibst mir nicht das Recht, deine Pläne zu ändern", sagte Er. Mir war so schlecht, ich lag im wahrsten Sinne des

Wortes auf meinem Gesicht vor Gott auf dem Boden und sagte: „Gott, ich weiß nicht, wie ich dich zum Herrn über meine Zeiteinteilung machen kann, aber ich erkläre hiermit mit meinem Mund, dass du es bist und sein sollst. Zeige mir, wie."

Ich bin seitdem bei einigen Menschen nicht mehr sehr beliebt, aber ich bin viel freier in Jesus. Und wie es der Herr in den Griff bekommen hat! Ich muss zu diesem Nein sagen, zu jenem Nein sagen, und dort Ja, wo es am wenigsten wahrscheinlich schien. Doch dadurch schützt er mich vor den Gefahren meines eigenen übertriebenen Eifers.

2. *Hütet euch vor falschen Lasten.* Wie können Sie erkennen, ob Sie unter einer Last des Herrn oder unter einer falschen Last sind, die Sie sich selbst auferlegt haben? *Es gibt eine Möglichkeit, wie Sie es erkennen können.* Wenn Ihre Last durch Gebet leichter wird – in einer Stunde, an einem Tag, oder an zwei, drei Tagen – ist sie vom Herrn. „... meine Last ist leicht" (Matth. 11,30) sagt Er, und wenn Sie eine Last niederdrückt, wenn Sie deswegen nicht mehr essen oder schlafen können, ist es wahrscheinlich keine, die Er Ihnen empfiehlt. Was sollten Sie in so einem Fall tun? Hören Sie auf, für diese Last zu arbeiten, und beten Sie: „Herr, *deine* Last ist leicht, doch diese Sache ist ziemlich schwer. Befreie mich in Jesu Namen!" Es wird geschehen.

Meine Mutter lebte uns allen ein starkers Gebetsleben vor. Vor mehreren Jahren war sie unter einer riesigen Last für ein Mitglied unserer Familie, an dem Gott gerade arbeitete. Wie sie für ihn im Gebet eintrat! Ich war über tausend Kilometer entfernt, als der Herr zu mir sprach und mir sagte, dass sie an einer falschen Last trug, an einer, die Er ihr nicht auferlegt hatte.

„Aber Gott! Das gibt doch keinen Sinn! Er ist ihr Sohn! Wer soll denn für ihn beten, wenn sie es nicht tut?" Er erinnerte mich daran, dass es schon einen Fürsprecher *gibt.*

Als ich an diesem Abend meine Mutter anrief, fragte ich sie, wie sie sich fühle.

„Nicht so gut“, sagte sie. „Ich mache mir über einen der Jungs solche Sorgen. Ich habe keinen Appetit mehr, ich schlafe nicht gut – es läuft alles schlecht.“

„Mutter, ich habe Glauben dafür, dass Gott dich von dieser Last befreien wird. Wenn es eine Last ist, die jemand anders tragen muss, bin ich dazu bereit, meinen Anteil zu tragen, und ich werde beten, dass Er den Rest jemand anderem auferlegt. Du brauchst eine Pause.“

Sie war einverstanden, wir beteten zusammen, und sie wurde frei. Es schien, als wäre diese Last überhaupt nicht vom Herrn gewesen – sie kam einfach aus der natürlichen Situation einer Mutter, die ihr Leben damit verbracht hatte, für ihre Kinder zu beten. Wenn sie in Schwierigkeiten waren, betete sie sie heraus. Wenn sie keine Schwierigkeiten hatten und zu selbstgefällig wurden, betete sie sie hinein. In diesem besonderen Fall arbeitete Gott an einem jungen Mann, an dem gearbeitet werden musste, damit die höchsten Gebete seiner Mutter für ihn erhört werden konnten, dass er selbst zu christlicher Reife heranwachsen und danach handeln würde. Heute wird dieser Mann von Gott gebraucht, und er lebt mit Christus.

Manchmal erscheint einem Seine leichte Last wie Geburtswehen. Ich hatte eines Tages vom Herrn eine Last für einen bestimmten Mann, und stundenlang stöhnte ich regelrecht für ihn vor dem Herrn. Als ich endete, wusste ich, dass ich fertig war. Meine Bauchmuskeln schmerzten eine Woche lang. Doch mit dieser letzten Wehe wurde etwas geboren, das meinen Geist freisetzte. Lange bevor ich erfuhr, was geschehen war, ließ mich der Herr wissen, dass der Sieg *errungen war!*

Ich halte es für gut zu beten, zu stöhnen und unsere drängendsten Sorgen dem Herzen Gottes mitzuteilen. Aber es ist nicht Gottes Wille, dass der Feind uns dazu bringt, nicht genug zu schlafen, Mahlzeiten auszulassen oder eine solch große Last zu tragen, dass es unseren Beruf beeinträchtigt. Solche Lasten kommen nicht von oben.

3. *Hüten Sie sich davor, Menschen zu gefallen.* Wir sollen nicht Menschen dienen; wenn wir das tun, können wir nicht dem Herrn dienen. Wenn ich durch das motiviert werde, was Menschen denken, anstatt durch den Geist des Herrn, werde ich meine Befehle von Menschen empfangen, und niemandem wird geholfen.

Manche Menschen sind heute in Gemeinden, in denen der Pastor eine strenge Haltung gegenüber dem Wirken des Heiligen Geistes eingenommen hat. Überlegen Sie mal, warum Sie in einer solchen Gemeinde sind. Wenn Gott Sie dahin gestellt hat, wann hat Er es getan? War es, bevor Sie wussten, dass es so etwas wie die Taufe im Heiligen Geist gibt, und was es bedeutet, den Herrn im Geist und in der Wahrheit anzubeten?

Ich halte nichts davon, stehen zu bleiben. Gott auch nicht. Ich halte nichts davon, in eine Gemeinde zu gehen, die mich nicht mit dem Wort Gottes nährt.

„Nun", argumentieren manche, „Gott hat mich dahin gestellt. Was werden die Leute denken, wenn ich weggehe?"

Darum geht es nicht. Fragen Sie sich selbst: „Kann ich hier etwas verändern? Gebraucht Gott mich, um der Gemeinde und dem Pastor zu offenbaren, dass es im Geist Gottes einen Strom des Lebens gibt? Oder vertrockne ich ebenso wie der Rest der Gemeinde?"

Wenn Ihre Antwort auf die letzte Frage „Ja" lautet, sollten Sie etwas tun, um das zu ändern. Hören Sie auf, den Heiligen Geist in Ihnen auszulöschen.

Haben Sie keine Angst davor, für die Kranken zu beten, nur weil es Ihr Pastor nicht macht. Haben Sie keine Angst davor, zu prophezeien, nur weil Ihr Pastor nicht dazu ermutigt. Seien Sie bereit, diese Dinge trotzdem zu tun, und lassen Sie die Ergebnisse für sich selbst sprechen. Ich meine damit nicht, dass Sie einen Gottesdienst unterbrechen oder den Leitern nicht gehorchen sollen, sondern dass Sie dem Herrn gegenüber sensibel bleiben und Sein Leben durch Sie fließen lassen, wenn Er Ihnen die Gelegenheit dazu gibt, damit andere Gemeindemitglieder Leben bekommen. Wenn das geschieht, werden Menschen mit der Gegenwart Jesu erfüllt, und sie werden von allem, was sie bindet, frei.

Wenn Ihr Pastor erkennt, dass Ihre Sonntagsschulgruppe die einzige ist, die in Riesenschritten wächst, und wenn es ihm dämmert, dass der Fluss der Salbung, der durch Ihr Leben fließt, größer ist als alles, was er bei anderen Leitern sieht, werden ihm vielleicht die Augen für die Wirklichkeit dessen geöffnet, worüber Sie sprechen. Er könnte sogar darum bitten, dass er selbst mit dem Heiligen Geist erfüllt werden möge!

Bleiben Sie nur dann in einer „toten Gemeinde", wenn Gott Sie dazu gebraucht, Seinem Volk Leben zu bringen. Wenn die Kirche, die Sie besuchen, von Ihnen verlangt, dass Sie den Heiligen Geist leugnen, seien Sie bereit, lieber wegzugehen, als den Heiligen Geist auszulöschen. Gott wird Sie freisetzen und in einen anderen Teil des Leibes führen, wo Sie gesegnet werden und segnen können.

Während meiner fünfjährigen Zeit als Beraterin und später als Bewährungshelferin mogelte ich mich bei vielen Dingen durch. Ich verletzte mehr Gesetze, als es im Staat gab – fast jedenfalls. Neue Kollegen sahen mich bewundernd an und sagten: „Wie haben Sie denn *das* geschafft?"

„Weil es funktioniert", sagte ich ihnen dann. Und ich wurde nie für meine unorthodoxen Regeln zum Chef gerufen. Wenn sonst niemand ein weggelaufenes Mädchen finden konnte, wurde mir der Fall übertragen. Ich setzte mich in mein Auto, fuhr los und untersuchte alle Unterschlüpfe der Hell's Angels und aller anderen. Ich fand das Kind und brachte es zurück.

„Wo war sie?", fragten die Leute von der Bewährungshilfe.

„Kann ich nicht sagen."

„Aber Sie können doch so ein Geheimnis nicht für sich behalten. Sie sind Beraterin – Sie vertreten die ganze Abteilung für Bewährungshilfe."

„Rufen Sie mich an, wenn Sie wieder mal ein Mädchen verloren haben", sagte ich, und das taten sie. Sie mochten wahrscheinlich meine Methoden nicht, doch sie konnten nicht über die Ergebnisse streiten. Und eigentlich ging es ihnen nur um die Ergebnisse. Gott geht es auch um Ergebnisse, wenn Er Seinen Heiligen Geist in uns legt.

4. *Hüten Sie sich vor Gesetzlichkeit.* Immer, wenn es eine Bewegung Gottes in der Gemeinde gibt, kommt der Mensch und versucht, sie zu zerstreuen, indem er den Geist ignoriert, um alles wieder unter seine eigene Kontrolle zu bringen. Dies führt immer zu Gesetzlichkeit.

Vor kurzem erhielt ich eine Anfrage von einem Pastor, der meinem Leben mit dem Herrn vertraute.

Er schrieb: „Ich bekomme viel Kritik von Leuten, die glauben, dass Sie nicht ganz bei Trost waren, als Sie den Herrn in einem öffentlichen Gottesdienst mit fremden Zungen priesen. Sie weisen darauf hin, dass die Bibel sehr deutlich sagt, dass Zungenrede in einem öffentlichen Gottesdienst auch ausgelegt werden muss."

Ich schrieb ihm zurück: „Sagen Sie ihnen, wenn ich in Zungen preise, dann preise ich Gott und spreche nicht zu Menschen. Sie werden es vielleicht nicht verstehen. Sie sollten nicht mir zuhören, sondern selbst Gott loben und preisen."

Andere Menschen neigen dazu, bezüglich Prophetie gesetzlich zu werden.

„Drei Prophetien, das genügt", beschließen sie. „Das steht in der Bibel."

Ich sage ihnen, was ich beobachtet habe: In manchen Gottesdiensten sind zwölf Prophetien so viel wie eine einzige in einem anderen Gottesdienst.

In wieder anderen Fällen stößt jemand auf die Bibelstelle, in der es heißt, dass die Frauen ihre Häupter bedecken sollen, wenn prophezeit wird (1. Kor. 11), und sofort werden sie fordern, dass die Frauen kleine Tücher auf ihren Köpfen tragen. Dabei verstehen sie gar nicht, dass Paulus eigentlich damit sagte: „Macht es möglich, dass die Frauen unter einer Leitung stehen."

Gesetzlichkeit kann uns für die Gegenwart des Herrn verschließen, der uns frei gemacht hat, und uns von der Gemeinschaft mit Menschen ausschließen, die nicht ganz genau dasselbe wie wir glauben.

Ich kenne einen Pastor, der zum Abendessen Wein getrunken hat. Jemand sah ihn und berichtete es der übergeordneten Verwaltung seiner Gemeinde. Daraufhin wurde der Pastor vorgeladen und verwarnt: „Wenn wir noch einmal hören, dass Sie Wein trinken, sind Sie weg vom Fenster!" Dies geschah trotz der Tatsache, dass der Pastor eine lebendige, wachsende Gemeinde hatte und dass ihm sein Wein beim Abendessen noch nie im Leben ein Problem bereitet hatte.

Wir weisen die Bindung der Gesetzlichkeit zurück. Wenn Sie keinen Wein vertragen, sollten Sie auch keinen trinken. Aber kümmern Sie sich nicht um den Mann, der ihn verträgt.

Es gibt auch eine umgekehrte Gesetzlichkeit, bei der jemand versucht, etwas zu tun, was ihm Gott verboten hat, nur weil er sieht, dass jemand anders damit durchkommt. Wenn Gott Ihnen gesagt hat, Sie sollen beim Abendmahl Traubensaft trinken, dann sollten Sie sich besser daran halten und auf Wein verzichten.

Wenn Gott Ihnen gesagt hat, dass Sie eine Stunde am Tag beten sollen, dann tun Sie es. Dass jemand anders mit einer anderen Salbung nur eine Stunde pro Woche betet, bedeutet nicht, dass für Sie dasselbe gilt.

Gott gibt seinem Volk keine lange Liste von Dingen, die sie tun und nicht tun dürfen, und die für jeden gilt. Er schreibt Sein Gesetz in unser Herz, und was Er in meines schreibt, unterscheidet sich von dem, was Er für Sie in Ihres schreibt.

Paulus schrieb: „Ich kann alles essen, ich kann alles trinken, ich kann alles tun, ich kann überallhin gehen. Ich gehe mit Gott, wohin ich auch gehe, und ich danke Ihm für alles, was ich in meinen Körper aufnehme. Ich tue nichts exzessiv; ich bin in allen Dingen gemäßigt. Deshalb bin ich frei vom Gesetz. Doch ich wollte lieber nichts von den mir erlaubten Dingen tun, wenn ich damit meinen Bruder verletze und ihn zum Fallen bringe" (vgl. 1. Kor. 10,28).

Wir alle müssen das richtige Gleichgewicht zwischen Gesetzlichkeit und der Freiheit, die Christus uns gibt, herausfinden.

5. *Hüten Sie sich vor Kritik.* Wenn wir unsere Stimme der Kritik leihen, wird sie wie Federn aus einem aufgerissenen Kissen in alle Himmelsrichtungen verstreut. Wenn wir Buße tun, vergibt uns Gott, doch wir werden die umherfliegenden Federn von Gerüchten, Anspielungen und Spekulationen, die durch unsere Kritik verbreitet wurden, nie mehr aufsammeln können.

Als ich in der Geschäftswelt arbeitete, kritisierte ich oft meine Vorgesetzten. Ich sah Möglichkeiten, wie sie bestimmte Dinge besser machen und schneller und einfacher mehr Geld verdienen könnten. Ich dachte, ich könnte die Ware besser darstellen als sie, und ich stimmte ihren Plänen oder ihren Regeln nie zu.

Eines Tages sagte der Herr zu mir: „Iverna, weißt du, warum du *unter* ihnen arbeitest, anstatt eine Position *über* ihnen zu haben?"

„Nein, Herr, ich weiß nicht. Aber ich führe es auf die Tatsache zurück, dass das System hier so schlecht ist ..."

„Es liegt daran, dass du immer noch ständig kritisierst", sagte Er.

Bis wir in die Fußstapfen einer anderen Person treten, können wir uns kein Urteil erlauben.

Ich saß eines Tages mit einem Pastor auf einer Kanzel und hörte einigen Jugendlichen beim Singen und Musizieren zu. Ich dachte, dass einige von ihnen Talent hatten; andere hätten lieber zu Hause bleiben sollen.

Der Pastor muss die unausgesprochene Kritik, die ich an einem jungen Mann übte, in meinem Gesicht gelesen haben.

„Sehen Sie den jungen Mann dort drüben an der Gitarre?", fragte er mich.

„Ja."

„Lassen Sie mich Ihnen von ihm erzählen." Er erklärte mir, dass der Junge drogenabhängig und wirklich am Ende gewesen war, und wie der Herr ihn gerettet und ihm einen Dienst gegeben hatte, Seinen Namen durch Musik zu ehren.

Meine Meinung über den Jungen änderte sich um 180 Grad, weil ich nun wusste, woher er kam und was durch die Gnade Gottes in seinem Leben jetzt geschah.

„Das ist ja wunderbar, Gott sei Dank!", hörte ich mich selbst sagen, und meinte jedes Wort so. Zwei Minuten zuvor hatte ich mich noch gewundert, warum sie ihn überhaupt mitspielen ließen.

Wir können es uns nicht leisten, kritisch zu sein. Wir kennen nicht alle Fakten. Unsere Kritik kann Schaden anrichten, der nicht wieder gutzumachen ist.

Kritik ist nicht dasselbe wie Ermahnung. Kritik pickt nur das Negative heraus. Sie führt nicht zu Verbesserung. Ermahnung dagegen hat die Erbauung eines anderen zum Ziel. Wenn andere Menschen ein Problem in meinem Leben sehen, können sie auf mich zugehen und sagen: „Iverna, ich glaube, es wäre gut für dein Leben, wenn du …"

Sie lassen mich dann nicht einfach an diesem Punkt stehen. Sie versprechen, *mit* mir und *für* mich zu beten, meine Hände hoch zu halten, wie Mose's Hände hoch gehalten wurden (2. Mose 17,12), und daran zu glauben, dass Gott eine bessere Frucht für mein Leben bringen kann. So ist *Ermahnung*. Das sollen Christen füreinander tun.

Kritik verzögert Reife; Ermahnung beschleunigt sie. Ein kritischer Geist kann uns verderben, unbrauchbar machen.

6. *Hüten Sie sich vor Entmutigung.* In Konflikten haben wir es mit Gott, Menschen, Satan und uns selbst zu tun. Paulus schrieb über Konflikte, als er sagte:

> *Wir werden allenthalten bedrängt, aber nicht erdrückt; wir kommen in Verlegenheit, aber nicht in Verzweiflung;*

wir werden verfolgt, aber nicht verlassen; wir werden niedergeworfen, aber wir kommen nicht um; wir tragen allezeit das Sterben Jesu am Leibe herum, damit auch das Leben Jesu an unsrem Leibe offenbar werde (2. Kor. 4, 8-10).

Das griechische Wort, das mit „bedrängt" übersetzt wurde, bedeutet „in die Enge getrieben werden"; es liegt Druck auf uns. Dass wir unter Druck nicht verzagen, bedeutet, dass wir nicht in eine Lage kommen, in der wir uns nicht mehr bewegen können. Paulus sagt, es gibt einen Ausweg.

Wenn wir den Ausweg nicht sehen, sollten wir unsere Augen von dem Problem abwenden und beten: „Herr, wo ist der Ausweg?" Er wird uns immer antworten: „Ich bin der Ausweg. Folge mir."

Wenn wir in Verlegenheit sind, sind wir wie ein Schiff, das in einen Hafen kommt und ihn so überfüllt vorfindet, dass keine freie Durchfahrt möglich ist. Der Kapitän wäre entmutigt und verzweifelt, wenn es keinen Weg gäbe, den das Schiff nehmen könnte. Doch es kann immer noch auf dem Weg zurückfahren, auf dem es hereingekommen ist. So ist es auch beim Christen. Er kann in einen Engpass geraten, doch es gibt immer einen Weg heraus.

„Herr, ich bin verzweifelt und in Verlegenheit", können wir Ihm mitteilen, „doch ich preise Gott dafür, dass ich mich immer noch bewegen kann. Hilf mir, dass ich das nächste Mal nicht wieder in eine Sackgasse gerate."

Wir alle machen Fehler, die jeder sehen kann – Fehler in unserer Ehe, Fehler im Beruf, Fehler bei unseren Kindern. Wir machen auch andere Fehler, die nicht so leicht zu erkennen sind – heimliche Sünden, unmoralisches Handeln, Unreinheit …

Wir denken, dass wir am Ende unserer Fahnenstange angelangt sind, doch es gibt durch den Einen, der die Tür ist, immer eine Ausweg.

Wenn wir uns bewusst in eine Situation begeben haben, die

Ihm nicht gefällt, müssen wir uns umdrehen und ebenso bewusst hinausgehen. In solchen Fällen hilft es nicht, darum zu beten, dass Er uns aus der schlimmen Situation herausführt. Wir müssen uns umdrehen und selbst hinausgehen. Das kann beinhalten, dass wir vor Menschen bekennen: „Seht, ich habe einen schlimmen Fehler gemacht. Es tut mir Leid. Gott hat mir vergeben, und ich möchte euch bitten, dass ihr mir helft, wieder auf den richtigen Weg zu kommen."

Wenn wir verfolgt werden, setzt uns jemand nach. Gott setzt uns nach, der Teufel setzt uns nach, andere Menschen setzen uns nach, und wir setzen uns selbst nach. Doch wir sind nicht verlassen; wir werden nicht einfach irgendwo fallen gelassen und für immer vergessen. Gott hält Sein Versprechen, dass er uns nie verlassen noch versäumen will (Hebr. 13,5).

Jemand, der sich völlig am Boden, völlig ohne Hoffnung fühlt, ruft: „Warum spüre ich Seine Gegenwart nicht?"

„Weil du nicht glaubst, dass Er hier ist."

„Werde ich Glauben auf Erden finden, wenn ich wiederkomme?", fragt uns Jesus. „Werde ich Glauben an mein Wort vorfinden? Als ich sagte, dass ich euch nie verlassen noch versäumen will, habe ich es auch so gemeint. Ihr geht vielleicht in Sackgassen, ihr fallt in Gräben, ihr kommt in Häfen, in denen ihr euch nicht vorwärts bewegen könnt, doch ich bin auch dann noch bei euch. Packt euer Schiff wieder zusammen und wendet euch mir zu, dann werdet ihr meine Gegenwart wieder erleben."

Spätestens dann können wir uns in Seine Arme fallen lassen, weil wir wissen, dass sie da sind.

„Wir werden niedergeworfen", sagt Paulus in dieser Bibelstelle (2. Kor. 4,9), „aber wir kommen nicht um." Wir werden niedergeworfen, wenn alles, was wir berühren, zusammenbricht, wenn unsere Gebete nur bis zur Zimmerdecke reichen, wenn unser Lobpreis nicht bis zu Gott hochsteigt, sondern uns in den Ohren klingt, als wollte Gott ihn nicht hören. Niedergeworfen zu sein kann ein ziemlich verzweifelter Zustand sein, doch Paulus erinnert uns daran, dass wir nicht einmal dann umkommen. So unwahrscheinlich es zu dem Zeitpunkt auch ist, wir *werden nicht* umkommen.

Stattdessen vollendet Gott Seinen Zweck in allem, was Er uns geschehen lässt. Er versucht, die Prüfung unseres Glaubens für uns wertvoll zu machen.

Eine lang erprobte Möglichkeit, wie wir selbst aus unserer Entmutigung herauskommen, ist, jemand anderem zu dienen. Dadurch verkünden wir das Wort des Herrn.

„Ich glaube Gott für dich. Ich weiß, dass der Herr in deinem Leben ist und Er dich für diesen Zweck gesalbt hat. Er wird dies für dich zum Guten wenden, glaube mir.“

Während wir einem anderen das Wort des Glaubens zusprechen, gibt es auch *uns* Gewissheit. Wir beginnen zu glauben, dass es auch für unser Leben Hoffnung gibt.

10

Ablenkungsmanöver

Der Feind unserer Seele weiß, wann wir beten wollen. Und er weiß, wie ernst es uns damit ist. Manchmal, wenn wir sagen, dass wir beten wollen, greift er gar nicht ein, weil er weiß, dass wir gar nicht wirklich die Absicht haben, unseren Plan bis zum Ende durchzuführen. Doch wenn er weiß, dass wir vorhaben, uns durch nichts abhalten zu lassen, setzt er alle möglichen Störungen ein, um uns zu frustieren.

Viele Christen haben keine Ahnung davon, wie viel Macht in Gebet steckt. Sie wissen nichts von ihrer Position der Autorität vor Gott. Würden sie wirklich verstehen, wer sie sind, in Bezug auf ihre Beziehung mit dem Haupt des Universums, würden sie beginnen, die Autorität auszuüben, die Gott ihnen gegeben hat. Jesus sagte Seinen Nachfolgern: „Mir ist alle Macht gegeben (Matth. 28,18, umschrieben), und ich gebe sie jetzt euch. Ihr werdet dieselben Dinge tun können, die ich tue, und sogar noch größere Dinge (Joh. 14,12, umschrieben). Der Vater hat mir Ehre gegeben, und ich gebe diese Ehre euch (Joh. 17, umschrieben). Es gibt nichts, was ihr als Gläubige nicht tun könntet – Kranke heilen, Tote auferwecken ... (Mark. 16, 17-18, umschrieben). Ihr könnt mehr als Eroberer über alles sein“ (Röm. 8,37, umschrieben).

Wenn wir die Bibelabschnitte lesen, die diese Wahrheiten verkünden, denken wir vielleicht, dass Jesus das zu Oral Roberts oder Kathryn Kuhlman oder Billy Graham gesprochen hat.

Doch er sprach zu „normalen" Gläubigen. Solange wir denken, dass Jesus nur zu den „Super-Heiligen" gesprochen hat, kann sich der Feind fast entspannt zurücklehnen. Er ahnt jedoch, es ist immer möglich, dass wir eines Tages aufwachen und uns bewusst wird, wer wir in Jesus sind. Wenn wir uns je für das Potenzial öffnen, das Gott in uns gelegt hat, bekommt der Feind echte Probleme.

Der Feind hat eine ganze Anzahl von Taktiken, mit denen er uns von Gottes Absichten für unser Leben ablenken will. Paulus sagte darüber: „… seine Anschläge sind uns nicht unbekannt" (2. Kor. 2,11). Moderne Christen wissen leider oft erschreckend wenig über die Tricks, die der Teufel anwendet, um uns daran zu hindern, die Werke Gottes zu tun. Er gebraucht noch immer dieselben Tricks, die er schon im ersten Jahrhundert anwandte, weil sie auch heute noch so gut funktionieren.

Im Garten Eden sagte der Feind zu Eva: „Hat Gott das gesagt? Bist du sicher, es war Gott, der so etwas wirklich Lächerliches gesagt hat?" (1. Mose 3,1, umschrieben).

Er kann uns tatsächlich so weit bekommen, dass wir die Stimme Gottes in Frage stellen: „Nun, ich *dachte*, es war Gott, der es gesagt hat."

„Oh, sei jetzt vernünftig", bittet er inständig. „Gott hat doch sicher so etwas nicht gesagt!" Wenn uns der Feind so weit gebracht hat, dass wir das Wort Gottes in Frage stellen, ist es für ihn ein Leichtes, uns so weit zu bringen, dass wir unser eigenes Ding machen, anstatt uns in Gottes beste Pläne für uns zu begeben.

Als Nächstes lässt uns Satan vermutlich unsere Stellung vor Gott in Frage stellen.

„Du hast gar nicht wirklich ein Geschenk von Gott erhalten", wird er höhnen. „Es ist alles nur deine Einbildung. Du bist wahrscheinlich nicht einmal ein echter Christ."

Satan wird alles tun, was er kann, um in uns Zweifel zu wecken, dass wir eine echte Beziehung zu Gott haben. Wir beginnen zu zweifeln und fangen an, uns um unser eigenes Heil zu sorgen, anstatt es zu vollenden, wie uns geboten ist (Phil. 2,12).

Wenn diese jahrhundertealten Ansätze bei einem Christen nicht funktionieren, hat Satan noch eine andere Taktik. Er kann uns so weit bringen, dass wir unsere Hingabe übertreiben, so dass es für uns und andere Menschen zum Stolperstein wird. Es ist gut für uns, zur Kirche zu gehen und Gott anzubeten, doch Satan drängt uns, vierundzwanzig Stunden am Tag zu gehen. Es ist gut, den Herrn in einer Gemeinschaft von Gläubigen zu preisen, doch er lässt uns glauben, dass es dann für uns in Ordnung ist, wenn wir unser Haus nicht putzen, nicht zur Arbeit gehen, kein Teil der größeren Gemeinschaft mehr sind. Er bringt uns so weit, dass wir uns in kleine „Segne mich"-Clubs absondern und um uns eine Mauer der Trennung aufbauen – nur wir und der Herr, ganz exklusiv.

Jesus sagte, wir sollen *in* der Welt und nicht *von* ihr sein (Joh. 17). Und da wir dazu berufen sind, Licht der Welt und Salz der Erde zu sein, sollten wir lieber dort bleiben, wo wir Salz streuen und vom Licht des Herrn leuchten lassen können, dort, wo es am meisten benötigt wird.

Bei Paulus und Silas benutzte der Feind ein weiteres Ablenkungsmanöver, um sie von ihrem Weg abzubringen, als sie unterwegs zu einer Gebetsstätte waren. Satan erkannte, dass diese beiden einen hohen Grad der Reife in ihrem Christenleben erreicht hatten. Sie wussten, wie sie beten mussten; sie wussten, wer sie im Herrn Jesus waren; sie kannten ihre Position der Autorität als Söhne des höchsten Gottes. Daher schickte Satan eine Unterbrechung:

> *Es begab sich aber, als wir zur Gebetsstätte gingen, dass uns eine Magd begegnete, die einen Wahrsagegeist hatte und ihren Herren durch ihr Wahrsagen großen Gewinn verschaffte. Diese folgte Paulus und uns nach, schrie und sprach: Diese Männer sind Diener des höchsten Gottes,*

die euch den Weg des Heils verkündigen! Und solches tat sie viele Tage. Paulus aber, den das bemühte, wandte sich um und sprach zu dem Geist: Ich gebiete dir im Namen Jesu Christi, von ihr auszufahren! Und er fuhr aus zur selben Stunde (Apg. 16,16-18).

Hier waren zwei Männer, die sich vorgenommen hatten zu beten. Sie waren auf dem Weg zu einer Gebetsstätte.

Es ist leicht für Christen, sich *vorzunehmen*, dass sie beten wollen. Ich kann mir vorstellen, wie Paulus und Silas spät am Abend noch eine Tasse Kaffee zusammen tranken und Paulus sagte: „Silas, ich möchte, dass wir morgen früh zusammen an eine Gebetsstätte gehen und dort einige Zeit bleiben."

Silas hat vielleicht geantwortet: „Das klingt gut. Das sollten wir öfter tun."

Während sie auf dem Weg waren, begann ihnen ein Mädchen zu folgen, das schrie: „Diese Männer sind Diener des höchsten Gottes, die uns den Weg zu unserer Rettung zeigen können." Sie tat dies mehrere Tage lang und folgte ihnen, wohin sie auch gingen.

Was sie sagte, *klang* richtig, doch das bedeutet nicht, dass es auch richtig *war*.

Viele Unterbrechungen in unserem geistlichen Leben klingen richtig und sind doch nicht Gottes bester Wille für uns. Wir sind vielleicht unterwegs zu einer Gebetsstätte, wenn die Unterbrechung auftaucht. Es kann ein dringender Telefonanruf sein, ein forderndes Klopfen an der Tür, ein Hilferuf oder eine Einladung, die Sie nicht dankend ablehnen können. Jede der Unterbrechungen mag so klingen, als sei sie in Ordnung; sie sind vielleicht Ausdruck echter Bedürfnisse, doch es kann sein, dass sie für Sie nicht in Ordnung sind. Und sie führen alle zum selben Ergebnis – sie halten Sie fern von der Gebetsstätte, indem sie Ihre Aufmerksamkeit von Gottes Dingen weg und hin zu den Dingen der Welt lenken.

Ich weiß von vielen Pastoren, dass ganz sicher jedes Mal,

wenn sie sich umdrehen, um zu einer Gebetsstätte zu gehen, ihre Sekretärin sie mit einer ganzen Sammlung dringender Anfragen von Seiten der Gemeinde aufhalten wird. Wenn die Pastoren nicht die Absicht haben zu beten, können sie stundenlang ohne Unterbrechung arbeiten.

Das Mädchen, das Paulus und Silas hinterherlief, hatte ein Anliegen, doch die Unterbrechung war nicht von Gott gesandt. Paulus erkannte dies durch die Gabe der Geisterunterscheidung. Der beste menschliche Richter kann sich irren, doch der Heilige Geist lässt sich nie täuschen. Paulus ignorierte das Mädchen einige Zeit, doch schließlich hatte er genug. Er brauchte ganz gewiss niemanden, der hinter ihm herlief und verkündete, dass er ein Diener des höchsten Gottes war. So drehte sich Paulus schließlich um, sprach zum Geist in dem Mädchen und gebot ihm im Namen Jesu herauszukommen. Der Geist kam sofort heraus.

Dämonen sind heute noch immer weit verbreitet, und sie unterdrücken Menschen, einschließlich Christen, die sich nicht durch ständige Hingabe an Gott vor Dämonen schützen. Ich habe allerdings eine sehr schlechte Meinung von Diensten, in denen offensichtlich nur Dämonen ausgetrieben und Menschen befreit werden, und die heute so große Aufmerksamkeit erhalten. Ich habe gehört, dass manche Prediger eine Person festhalten und namentlich sechzehntausend Teufel aus ihr austreiben; ich kann dafür keine biblische Grundlage finden. Ich meine, dies ist ein Ablenkungsmanöver des Feindes, um die Aufmerksamkeit weg von Jesus und hin zu sich selbst zu lenken. Jesus sagte: „Ich werde erhöht werden und alle Menschen zu mir ziehen" (Joh. 12,32, umschrieben). Er wird das Werk selbst tun, wenn wir Ihm nur eine winzige Chance geben, anstatt uns professionellen Teufelsaustreibern zuzuwenden.

Eine Zeit lang engagierte ich mich stark in einer Gemeinde, in die Menschen von weit her gebracht wurden, damit ihnen Teufel ausgetrieben wurden. Eines Tages dämmerte mir, dass die Menschen, die bei unseren Gebetstreffen frei wurden, in ihrem freien Zustand nicht mehr kamen, um geistlich zu wachsen.

Ungefähr zur selben Zeit, als ich all das erkannte, hörte ich das Zeugnis eines anderen Predigers, der zu demselben Schluss gekommen war.

„Ich fiel eines Tages auf mein Bett", sagte er, „und ich sagte dem Herrn: ‚Ich habe Dämonen aus so vielen Menschen ausgetrieben, dass ich erschöpft bin. Herr, warum schickst du sie immer zu mir?'"

„*Ich* schicke sie *nicht*", war die Antwort des Herrn.

„Da erkannte ich, dass es der Feind selbst war, der sie schickte", sagte mir der Mann. „Er störte sich nicht daran, dass wir die Teufel austrieben. Er wusste, dass er wieder in dieselben Menschen hineinfahren konnte, sobald sie bei uns aus der Tür kamen."

Nachdem wir das gelernt haben, gehen wir anders mit dem Feind um. Wenn er jetzt kommt, um ein Treffen zu stören, konzentrieren wir uns nicht auf ihn, wir konzentrieren uns auf Jesus. Als der Feind vor kurzem eine Versammlung stören wollte, ließ ich die Gemeinde anfangen zu singen: Jesus, Name über allen Namen.

Eine Frau kam nach vorne und sagte: „Ich bin voller Teufel."

„Nein, das sind Sie nicht", antwortete ich ihr. Dann sprach ich den bösen Geist in ihr an: „Du bist ein Lügner." Ich wandte mich der Frau zu und sagte: „Jesus liebt Sie." Zum selben Zeitpunkt klang es laut in der Gemeinde: „Sein Name ist wunderbar." Es dauerte nicht lange, bis die Frau ihre unwillkommenen Bewohner los hatte und ruhmreichen Sieg erlebte.

Wären wir das Problem so angegangen, dass wir unsere Aufmerksamkeit auf den Feind richteten, wären wir ihn wohl eine Zeit lang losgewesen, aber es hätte uns erschöpft.

„O Mann, wir haben diese Teufel wirklich herausbekommen", hätten wir uns vielleicht gerühmt. Satan wäre vielleicht ebenso glücklich wie wir gewesen und hätte verkündet: „Ich habe jedenfalls meinen Teil der Aufmerksamkeit im Gottesdienst heute Abend bekommen."

Der Herr sagte, dass wir uns zuerst Gott unterstellen sollen und dann dem Teufel widerstehen und er fliehen wird (Jak.

4,7). Wir sind befugt, ihm zu sagen, dass er kein Recht auf uns, unser Heim, unser Leben hat. Wir können den Schutz durch das Blut Jesu verkünden.

Denken wir mal über diesen Abschnitt der Apostelgeschichte nach: Paulus machte keine große Sache daraus, wenn er jemanden von Dämonen befreite. Er brauchte nur zu sagen: „Sei ruhig. Ich möchte dadurch nicht mehr gestört werden!“, und die Frau musste still sein.

Als die Dämonen aus der jungen Frau ausgetrieben waren, die Paulus überallhin folgte, wurde sie für ihre Herren unbrauchbar, die mit ihrer Fähigkeit, die Zukunft vorauszusagen, viel Geld verdient hatten. Natürlich waren sie zornig, sie gingen zu den Ratsherren und beschwerten sich über das, was Paulus und Silas getan hatten. Die Ratsherren reagierten prompt, rissen ihnen die Kleider vom Leib und befahlen, sie sollten ausgepeitscht werden. Als Paulus und Silas mit vielen Schlägen geschlagen worden waren, wurden sie ins Gefängnis geworfen, wo der Gefängniswärter den Befehl bekam, sie sicher zu verwahren.

Dann berichtet die Bibel: Der Gefängniswärter, „... warf sie auf solchen Befehl hin ins innere Gefängnis und schloss ihre Füße in den Block“ (Apg. 14,24).

Plötzlich hatte sich die Gebetsstätte für Paulus und Silas geändert.

Manche Menschen hätten in einer solchen Situation aufgehört zu beten und begonnen zu jammern und zu klagen.

„Ich war da, mitten im Zentrum von Gottes Willen, und plötzlich geschahen mit mir all diese schrecklichen Sachen. Meine Kleider wurden mir vom Leib gerissen, ich wurde gnadenlos geschlagen und in diesen schrecklichen Kerker geworfen. Ich kann nicht verstehen, warum es geschah. Es war keine Sünde in meinem Leben ...“

Normalerweise findet sich irgendwo jemand, der einen bemitleidet.

„Ich weiß, mein Lieber. Ich habe dasselbe erlebt. In meinem Fall dauerte es achtzehn Jahre.“

Durch alles noch so große Mitgefühl und Bemitleiden hätten sich die Gefangenen jedoch nicht ein bisschen besser gefühlt. Paulus und Silas gingen mit ihrer Katastrophe ganz anders um.

Um Mitternacht herum fragte Paulus laut: „Silas, bist du wach?"

„Du machst wohl Witze! Wie soll denn einer in dieser Position schlafen? Ja, ich bin wach. Was hast du im Sinn?"

„Ich dachte gerade, es wäre eine gute Idee, wenn wir den Herrn zusammen loben und preisen könnten."

Paulus schien sich dessen bewusst zu sein, dass alles, was geschehen war, irgendwie zu ihrem Besten diente, dass Gott sie nicht durch einen Härtetest schickte und sich nicht an den Schmerzen der beiden ergötzte: „Seht doch mal meine Kinder an! Ich habe sie durch all dies gehen lassen, und sie ertragen es immer noch ohne zu klagen."

Dies wäre ein verzerrtes Bild der Vaterschaft Gottes. Manchmal denken wir jedoch so. Vielleicht gehen wir am Abend zu Bett und sagen: „Vater, danke, dass du mich heute befähigt hast, die Lasten des Tages zu tragen."

Überleben ist nicht Gottes Ziel für unser Leben. Er entwickelt etwas in uns, und Er erwartet, dass wir in unserem Leben Frucht bringen, so wie der Weinbauer in den Weinberg kommt und erwartet, einen Korb voll Trauben zu pflücken. Er gibt uns am Anfang die Gaben, damit wir den Boden pflügen, den Samen ausstreuen, ihn wässern und wachsen sehen können. Dann zieht Er, wenn es an der Zeit ist, Frucht aus uns heraus. Oft zeigt sich die Frucht gerade in Zeiten der Gefangenschaft, des Hungers und in Schwierigkeiten, nicht dann, wenn alles gut für uns läuft.

Die Bibel sagt uns, dass die Prüfung unseres Glaubens kostbar ist. Wenn ich eine Prüfung siegreich hinter mich gebracht habe, bin ich fast in Ekstase. „Ich habe es geschafft! Ich habe es geschafft! Habt ihr es gesehen?" Und nie wieder plagt mich vor derselben Situation Angst, dass ich es nicht schaffen könnte.

Ich habe es einmal geschafft, ich kann es wieder schaffen und bin das nächste Mal zuversichtlich, was das Ergebnis anbelangt.

Ich glaube nicht, dass Paulus und Silas um ihre Befreiung beteten, als sie anfingen, im Gefängnis zu beten. Ich glaube, dass sie genau das beteten, wofür sie beten wollten, als sie auf ihrem Weg zur Gebetsstätte unterbrochen wurden. Sie beteten vermutlich weiter für Philipppi in Mazedonien und taten für die Menschen dort Fürbitte. Dieses unzähmbare Gebet konnte nicht durch die späte Stunde oder den schlimmen körperlichen Zustand, in dem sie sich befanden – geschlagen, voller Schmerzen, gedemütigt, ihre Ziele vereitelt – verhindert werden. Alles war negativ, doch sie wussten, dass Gott größer ist als alle Umstände.

Wenn wir gelernt haben, in unserem Leben unzähmbar zu sein, wenn wir uns weigern, uns am Gebet hindern oder es uns vereiteln zu lassen, wird die Folge echter Sieg sein.

Als Paulus und Silas beteten, erschütterte ein Erdbeben die Fundamente des Gefängnisses. Die Fundamente dessen, was sie festhielt, brachen um sie herum zusammen, und die Gefängnistore öffneten sich. Jedermanns Fesseln wurden zerbrochen.

Als der Wärter erkannte, dass jedermanns Fesseln zerbrochen waren, griff er nach seinem Schwert. Damals musste ein Wärter, der seine Gefangenen entkommen ließ, schreckliche Folter erleiden, wenn er sich nicht selbst tötete, bevor die Machthaber ihn ergriffen. Es gab keine Wärter, die man bestechen konnte, damit sie einen Gefangenen frei ließen. Bestechungsgelder nützen Toten wenig.

Doch Paulus hielt den Wärter ab, bevor er sich töten konnte.

„Tu dir kein Leid an!", rief er. „Niemand ist weg. Wir sind noch alle hier. Kein Gefangener ist entkommen. Du hast nichts zu befürchten."

Es waren einige im Gefängnis, die vielleicht geflohen wären, hätten sie erkannt, dass sie wirklich frei waren. Paulus und Silas wussten, dass ihre Befreiung echt war, doch sie waren so unerschrocken, dass sie es nicht eilig hatten, den Ort zu verlassen. Derselbe Gott, der für ihre Befreiung gesorgt hatte, konnte auch dafür sorgen, dass sie nicht mehr eingesperrt würden.

Es fiel dem Gefängniswärter schwer zu glauben, dass die Gefangenen immer noch im Gefängnis waren, daher rief er nach Licht. Sicherlich überschlug er in seinem Kopf die Anzahl an Gefangenen, für die er persönlich verantwortlich war.

Als der Wärter Paulus und Silas mit dem Licht der Lampe gesehen hatte, sagte Paulus zu ihm: „Lass mich dir jetzt von dem Einen erzählen, der all diese bemerkenswerten Dinge geschehen ließ."

Der Wärter war bereit dazu, die Erklärung zu hören, und nahm Paulus und Silas mit zu sich nach Hause. Als er die Gute Nachricht gehört hatte, drehte er sich um zu seiner Frau und sagte: „Liebling, hol die Kinder aus dem Bett. Das ist etwas für uns alle." Sie tat es, und in dieser Nacht wurde das ganze Haus gerettet.

Paulus und Silas wussten, wem sie glaubten, und sie waren davon überzeugt, dass Er für alles sorgen würde, was sie Ihm anvertraut hatten – und noch mehr: Ihre Gebete waren Gebete voller Glauben an einen lebendigen Gott, Gebete, die Ihm das Recht gaben, für sie zu handeln. Wenn wir Ihm dieses Recht geben, kann Er mit Macht für uns und diejenigen handeln, für die wir beten. Dem Feind werden all seine Ablenkungsmanöver nichts nützen.

11

Glaube und Fürbitte

Über Glauben wurden schon viele Bücher, Artikel und Traktate geschrieben. Viele Predigten hatten dieses Thema zum Inhalt, und auf vielen Kassetten sagten Worte, was Glaube ist. Doch je mehr ich lese, je mehr ich höre, desto weniger weiß ich wirklich über den Glauben.

In einem Interview wurde Kathryn Kuhlman nach ihrem Glauben gefragt.

„Ich weiß nicht sehr viel über Glauben", sagte sie.

Doch wir halten sie für eine Frau des Glaubens.

Ich weiß auch nicht viel über Glauben. Manchmal dachte ich, ich hätte viel Glauben, und wurde eines Besseren belehrt, wenn ich mich auf meinen Glauben verließ.

Ich wohne ich Kalifornien und reise durch meinen Dienst in andere Teile der USA. Jahrelang wurde ich fast jedes Mal, wenn ich an die Ostküste reiste, krank. Ich weiß nicht, ob es am Klimawechsel lag, an der anderen Zeitzone, oder an etwas anderem. Es könnte ein bisschen an allem gelegen haben. Was auch immer der Grund war, ich wurde krank.

Schließlich dämmerte mir eines Tages, dass ich all diesen Ärger und diese Unannehmlichkeiten nicht hinnehmen musste. Ich konnte mich einfach auf die Zusagen Gottes stellen, dass Er bereits all meine Krankheiten getragen hat; daher musste ich sie nicht mehr selbst tragen. Da ich durch Seine Striemen geheilt war, brauchte ich nicht mehr krank zu werden.

„Herr“, betete ich, „morgen fahre ich an die Ostküste, und dieses Mal werde ich nicht krank werden, sondern dein Wort über göttliche Gesundheit für jede Zelle meines Körpers beanspruchen. Ich werde glauben, dass du jeden Zentimeter in mir heil machst.“

Als ich an der Ostküste ankam, blieb ich abends lange auf, stand früh am Morgen auf, war bei jedem Wetter draußen, übernahm noch zusätzliche Versammlungen, die nicht im Plan vorgesehen waren, und fegte mehrere Tage lang ohne ein Zeichen von Krankheit wie ein Wirbelwind herum.

An einem Nachmittag rief mich der Manager meiner Kassettenhandlung in Kalifornien an. Während des Gesprächs sagte er: „Weißt du, Iverna, es ist komisch, doch bei dieser Reise haben wir nicht die Last bekommen, für deine Gesundheit zu beten, wie normalerweise, wenn du an der Ostküste bist.“

„Preis den Herrn!“, rief ich. „Gott hat sich darum gekümmert. Ich glaube, dass ich endlich ein Maß des Glaubens erhalten habe.“ Er freute sich mit mir darüber, dass ich im Herrn wuchs und Gottes Zusagen für mich beanspruchen konnte.

Am nächsten Morgen wachte ich mit einer Erkältung auf, mein ganzer Körper fühlte sich elend.

„Was ist passiert, Herr?“, klagte ich Ihm. „Was ist falsch gelaufen? Ich dachte, ich hätte diesen Glauben an göttliche Gesundheit, und sieh mich an! So krank war ich schon lange nicht mehr.“

Im Laufe der Woche verstand ich, dass ich nicht, wie ich fälschlicherweise gedacht hatte, eine hohe Glaubensebene erreicht hatte, sondern einfach aufgeregt über die Tatsache war, dass ich nicht krank war.

Ich glaube immer noch an göttliche Gesundheit für Gottes Kinder, doch anscheinend muss ich noch mehr lernen, bevor ich sie voll auf mich anwenden kann.

Glaube ist nicht nur ein Gefühl, dass etwas so ist. Manchmal habe ich am Ende einer Versammlung für zehn Menschen mit unterschiedlichen Anliegen gebetet. Ich hatte vielleicht

Glauben für sieben von ihnen und sagte ihnen, dass sie geheilt seien. Ich betete für die anderen genauso inbrünstig, hatte jedoch keine Gewissheit, dass sie gesund würden. Später erfuhr ich, dass die sieben krank blieben und die anderen drei über Nacht geheilt worden waren.

Ich betete manchmal ein sehr wunderbares Gebet, und, soweit man es einschätzen konnte, geschah nichts. Ich betete oft das einfachste Gebet und schrie nur: „O mein Gott!", und Er nahm die Situation völlig in Seine Hand und brachte alles in Ordnung.

Gebet ist darauf gegründet, wer Er ist und was Er versprochen hat, unter bestimmten Umständen zu tun, nicht auf unseren Glauben oder Mangel an Glauben. Auch sind Antworten auf Gebet auf Sein Wort gegründet und nicht darauf, wie wir uns diesbezüglich fühlen. Und doch, wenn wir erleben, dass etwas noch nie Dagewesenes zur Realität wird, können wir es uns durch Glauben zu Eigen machen. Doch wenn wir es nicht erleben, können noch so viele Lippenbekenntnisse es nicht geschehen machen.

Ich habe gelernt, dass Glaube nicht aus unserer Fähigkeit besteht, Gottes Wort in Jesu Namen zu bekennen, sondern Er kann uns befähigen und beauftragen, wenn wir glauben, was Er sagt.

Glaube ist keine Vermutung oder Annahme, obwohl manche Menschen gerade dies gepredigt haben. Sie lehren uns zu sagen: „Ich habe keine Kopfschmerzen. Ich habe keine Kopfschmerzen. Ich habe keine Kopfschmerzen." Dann haben wir in unserem Schmerz geschrien: „Hat denn *keiner* ein Aspirin?"

Glaube und Vermutung sind zweierlei. Glaube kommt nicht durch Willensanstrengung; Glaube kommt durch das Hören des Wortes, für das sich unsere Ohren geöffnet haben. Glaube sucht im Wort Gottes, und dieses Wort wird uns durch den Heiligen Geist weitergegeben, nicht durch unsere feste Entschiedenheit. Wenn wir an den Punkt kommen, dass wir in unserem Herzen glauben, können wir wirklich sagen: „Gott, ich glaube das für mich." Dann ist die Gabe des Glaubens zu uns gekommen, und das, was nicht sichtbar ist, kann in unserem Leben sichtbar werden.

Glaube steht nicht herum und spricht darüber, was Gott tun kann. Glaube wendet Seine Zusagen für unser tägliches Leben heute an.

Wir alle haben es nötig, dass unser Glaube größer wird. Als die Jünger zu Jesus kamen und sagten: „Herr, vermehre unseren Glauben", sagte Er ihnen, wie sie es selbst tun konnten.

„Ihr wollt Glauben?", fragte Er sie. „Seht dieses Senfkorn an. Wenn ihr es in die Erde legt und mit dem Wasser des Wortes begießt, wird es wachsen. Ihr werdet sehen, dass es reichlich Frucht bringt."

Gottes Wort zu hören wird unseren Glauben vermehren, und beobachten, wie das Wort Frucht bringt, wird auch Glauben vermehren. Der Herr bemüht sich darum, unseren Glauben zu vermehren, wenn Er uns dahin führt, um immer größere Dinge zu bitten. Er macht unsere Glaubensschritte größer.

Ich denke gerne über Glauben in Bezug auf unsere Sinne nach – Hören, Schmecken, Sehen, Tasten, Riechen. Glaube kommt durch das Ohr, das die Zusagen hört; Glaube kommt durch das Auge, das die Erfüllung sieht; Glaube kommt durch die Hand, die uns hält; Glaube kommt durch den Mund, der die Zusagen Gottes verkündet und schmeckt, wie süß sie sind. Glaube kommt durch die Nase, die den Duft all dessen riecht, was Gott Seiner Gemeinde zugesagt hat.

Dieser Glaube an Gott ist für unser Leben und unser Wohlgefühl absolut wichtig.

Wie das griechische Wort für Glauben *(pistis)* erklärt, bedeutet Glaube völliges Sich-Verlassen auf das Wort eines anderen.

„Herr, ich glaube, hilf meinem Unglauben" (Mark. 9,24).

Eines Tages kam eine Frau in mein Büro, im anderen Raum versammelte sich der Chor gerade zu einer Probe. Sie sah wie der Tod in Person aus – einfach schrecklich. Ihre Augen waren dunkel und matt, ihre Haut sah eher tot als lebendig aus, ihr Gesichtsausdruck war total leer. Sie setzte sich auf den Stuhl, den ich ihr anbot, und erzählte eine tragische Geschichte.

Während sie sprach, bat ich den Herrn um Weisheit darum, was ich mit ihr machen sollte. Er ließ mich wissen: „Diese Frau ist ohne Glauben und ohne Hoffnung."

Sie erzählte mir, dass sie versucht hatte, sich zu töten.

„Ich habe nicht einmal darin Erfolg, mich selbst loszuwerden", jammerte sie.

Als sie ihr Herz ausgeschüttet hatte, begann ich, ihr meinen Glauben weiterzugeben, meine Hoffnung in den Herrn Jesus Christus, und irgendwie war sie dazu bereit, sich an diesen Strick zu klammern.

„Ich werde mit Ihnen an Gott glauben", sagte sie. Sie setzte ihre Hoffnung auf die Beständigkeit des Herrn, wie Er sie mir offenbart hatte, und als sie mein Büro verließ, war die Veränderung bei ihr so bemerkenswert, dass die Chormitglieder, die sie gesehen hatten, als sie hereinkam, kaum ihren Augen trauten.

„War das wirklich derselbe Mensch?", sagte eine Altsängerin. Ich brauchte nicht zu antworten, weil sie wusste, welch einen Unterschied der Glaube an den lebendigen Gott machen kann. Es ist der Unterschied zwischen Leben und Tod. Es ist der Unterschied zwischen Hoffnungslosigkeit und überfließendem Leben.

Nach Pfingsten war Petrus ein Mann mit einem sehr großen Glauben. Lesen Sie den Bericht über seine Beständigkeit:

> *Um jene Zeit aber legte der König Herodes Hand an, um etliche von der Gemeinde zu misshandeln. Und er tötete Jakobus, den Bruder des Johannes, mit dem Schwert. Und als er sah, dass es den Juden gefiel, fuhr er fort und nahm auch Petrus gefangen. Es waren aber die Tage der ungesäuerten Brote. Und als er ihn festgenommen hatte, warf er ihn ins Gefängnis und übergab ihn vier Abtei-*

lungen von je vier Kriegsknechten zur Bewachung, in der Absicht, ihn nach dem Passah dem Volke vorzuführen (Apg. 12,1-4).

Es sah so aus, als würde das Leben des Petrus bald zu Ende sein. Doch Herodes wollte bis nach dem Passahfest warten, um ihn zu töten. Er wollte einen Prozess führen und eine große Sache daraus machen, weil das Volk froh sein würde, ihn los zu sein.

So wurde Petrus nun im Gefängnis verwahrt; von der Gemeinde aber wurde inbrünstig für ihn zu Gott gebetet. Als aber Herodes ihn vorführen wollte, schlief Petrus in jener Nacht zwischen zwei Kriegsknechten, mit zwei Ketten gebunden; und Wächter vor der Tür bewachten das Gefängnis (Apg. 12,5-6).

Ich bewundere Petrus, dass er in seiner vermutlich letzten Nacht auf Erden einfach in seiner Zelle lag und friedlich schlief. Die meisten von uns wären wenigstens auf und ab gegangen und hätten zu Gott um Befreiung geschrien. Doch Petrus hatte Glauben, dass Gott ihm bereits den Sieg geschenkt hatte und dass er deswegen keinen Schlaf versäumen musste.

In dieser Bibelstelle finden wir eine Antwort für Menschen, die sich fragen, ob sie weiter für etwas beten sollen, das sie dem Vater gegenüber schon erwähnt haben. Die Gemeinde tat „Tag und Nacht“ (Gute Nachricht) für Petrus Fürbitte, als er im Gefängnis war. In solchen Fällen ist deutlich unablässige Fürbitte angesagt.

Tag und Nacht blieben die Menschen der Gemeinde in Marias Haus, der Mutter von Johannes und Markus, im Gebet und taten für den gefangenen, gefährdeten Petrus Fürbitte. „Herr, Gott, unser geliebter Petrus ist im Gefängnis. Die Machthaber wollen ihn töten, Herr.“

Ich denke nicht, dass jemand von ihnen dem Herrn sagte, *wie* Er Petrus retten solle. Sie baten Gott einfach um Gnade für

Seinen Diener Petrus, weil sie wussten, dass Er einen besseren Weg dafür finden würden als sie.

Wir machen einen schwerwiegenden Fehler, wenn wir versuchen, Gott vorzuschreiben, wie Er unsere Gebete erhören soll. Er hat uns schon gesagt:

> *Denn also spricht der Herr: Meine Gedanken sind nicht eure Gedanken, und eure Wege sind nicht meine Wege; sondern so hoch der Himmel über der Erde ist, so viel höher sind meine Wege als eure Wege und meine Gedanken als eure Gedanken (Jes. 55,8-9).*

Alle Beter müssen sich diese Bibelstelle bewusst machen, weil die meisten von uns dazu neigen, das Gebet aufzuschieben, bis wir überlegt haben, wie der Herr unser Gebet erhören soll. Wir haben ein Problem; wir betrachten das Problem und überlegen, wie Er es lösen kann; erst dann beten wir dafür.

„Herr, ich habe es von allen Seiten angesehen. Wenn du es so machst, wird X dadurch verletzt. So wie ich es sehe, hast du diese Möglichkeiten, und ich empfehle dir, es so zu machen, weil …“

„Iverna, willst du wirklich, dass ich mich darum kümmere?“

„Natürlich, Herr. Ich weiß, dass du die Macht dazu hast und dass du in deiner Allwissenheit tust, was richtig ist, aber ich habe schon mal überlegt, und …“

Wenn ich merke, dass Er mein System nicht übernimmt, gebe ich schließlich nach.

„In Ordnung, Herr. Ich gebe dir das moralische Recht dazu, es so zu machen, wie du willst.“ Er tut es auf eine Weise, die mir nie in den Sinn gekommen wäre, immer besser, als ich es mir hätte träumen lassen. Seine Wege sind *nicht* unsere Wege; sie sind immer besser.

Manchmal haben wir etwas gegen eine andere Person und möchten, dass der Herr an ihr Rache übt.

„Herr, du musst vergelten“, sagen wir Ihm. Vielleicht zeigen wir Ihm sogar die Bibelstelle, in der es heißt: „Die Rache ist mein, ich will vergelten, spricht der Herr“ (Röm. 12,19), nur um zu beweisen, dass Er etwas gegen unseren Feind unternehmen muss.

Einmal versuchte ich das und konnte kaum erwarten zu sehen, was der Herr mit dem Kerl machen würde, der mir Unrecht getan hatte. Ich hoffte, Er würde ihn wirklich in die Mangel nehmen. Ich blätterte sogar die Zeitungen nach einem Bericht über ihn durch und hielt fast den Atem an, während ich wartete. Ich fühlte mich in der ganzen Sache total gerecht und betete inbrünstig: „Dein ist die Rache, Herr. Ich werde nichts gegen diesen Menschen unternehmen. Du kriegst ihn, Herr.“

Als ich weiter betete, geschah etwas Seltsames mit mir. Ich hörte mich selbst sagen: „Herr, es ist mir egal, was du mit ihm machst – aber was es auch ist, sorge dafür, dass dadurch sein Weg korrigiert wird und es ihn auf den für dich rechten Weg bringt.“

Der Herr schien bei diesem Gebet eine Einstellung zu haben, die ausdrückte: „Wir werden noch ein bisschen warten. Iverna macht Fortschritte in die richtige Richtung. Sie schafft es.“

Schließlich kam der Tag, an dem mein Herz so voll Liebe Gottes für den Mann war, dass ich betete: „O Herr, ich hoffe, dass du ihn wirklich anrührst und ihm deine Liebe zeigst. Richte ihn nicht, Herr, sondern zeig ihm deine Gnade.“

Als ich an diesen Punkt gekommen war, handelte der Herr. Er schüttete Seine Liebe auf so überwältigende Weise auf diesen Mann aus, dass dessen ganzes Leben verändert wurde.

Ich hatte wieder etwas über Gottes Wege gelernt. Er nahm die Rachegefühle aus meinem Herzen und das perfekte, gerechte Gleichgewicht aus Urteil und Gnade erfüllte sich im Leben dieses Mannes. Dieses perfekte Gleichgewicht findet man nur im Handeln Gottes. Wenn wir Christen versuchen, uns einzumischen, kippen wir nach der einen oder der anderen Seite.

Wir führen unsere gerechten Urteile ohne Gnade durch oder wir sind gnädig ohne ein gerechtes Urteil. Doch Gott schafft ein vollkommenes Gleichgewicht und tut alles genau richtig.

Seine Wege sind *so* viel höher als unsere Wege, doch wir lernen, Gott unsere Wege anzubefehlen.

Wenn der Herr sich dafür entscheiden würde, mit auf meinen Wegen zu gehen, würde ich Ihn lassen. Ich hätte ganz und gar nichts dagegen. Doch so will Er nicht in meinem Leben wirken. Ich muss sagen: „Herr, ich gehöre dir. Du hast mich mit einem Preis erkauft, dem Blut Jesu. Geh deinen Weg mit mir."

Durch ihre wiederholten Gebete zeigten die Menschen in der Gemeinde, dass sie echtes Mitleid mit Petrus in seiner Not hatten. Mitleid kann beschrieben werden als Mit-leiden, sich sehr um jemanden sorgen, ein Sorgen, das Jesus fühlte, wenn Er Mitleid hatte.

Christen ist geboten, „herzliches Erbarmen anzuziehen" (Kol. 3,12).

Heute scheinen wir ein solch tief gehendes Sorgen, ein so leidenschaftliches Mitgefühl füreinander verloren zu haben. Wir sind sorglos geworden, fast oberflächlich in unserer Einstellung zu bestimmten Dingen.

Manche kommen zerbrochen vor Kummer zu uns, weil bei jemandem, den sie lieben, gerade Krebs im Endstadium diagnostiziert wurde. Dann bitten sie uns, für den Kranken zu beten.

„Natürlich", sagen wir und empfinden ganz und gar kein Mitgefühl für den Kranken. Dann, ohne uns zu kümmern, ob wir wirklich in die Gegenwart Gottes treten, wie es in der Bibel beschrieben wird, beten wir: „Herr, Gott, unser Vater, wir bitten dich um Heilung für ..."

Wir drehen uns zu unserem Informanten um und fragen: „Wie hieß er noch mal? Und was haben die Ärzte bei ihm festgestellt?", wodurch wir beweisen, dass wir nicht wirklich an der Person und ihrem Leiden interessiert sind. Wenn wir so beginnen, mit diesem Mangel an Interesse, werden wir es nicht schaffen, im Gebet auszuharren oder inbrünstig und effektiv zu beten.

Wir können kein Interesse vortäuschen, wenn es nicht vorhanden ist. Wir müssen beten: „Herr, hilf mir, diese Bürde mit deinem Mitgefühl zu tragen. Lass mich fühlen, was du für diese Person fühlst." Ein solches Gebet hat befreiende Wirkung. Es erspart uns die Schuld mangelnden Interesses.

Mag sein, es kommt jemand mit einem schrecklichen Anliegen, von dem Sie wissen, dass der Herr Jesus sich darum kümmern kann. Doch Ihr Gebet geht offensichtlich nur bis zur Zimmerdecke. Den ganzen Tag schelten Sie sich wegen Ihres fehlenden Mitgefühls, Ihres Mangels an Sorge und Interesse. Sie können all diesen Kummer vermeiden, wenn Sie Jesus zum Herrn über Ihr Gebetsleben machen. „Herr, kümmerst du dich um dieses Haus? Ist es deine Stunde, deine Zeit, etwas zu tun? Ist es eine Bürde, die ich nach deinem Willen jetzt zu meiner eigenen machen soll?"

Wenn Sie bitten, wird Er Ihnen geben, was Er möchte, dass Sie es haben – ein echtes Interesse in Ihrem Geist, einen göttlichen Fluss an Glaubensenergie, einen Energieschub, der Sie dazu befähigt, siegreich zu beten.

Ich habe das in mir in dem Maß arbeiten lassen, dass ich dem Feind direkt ins Gesicht blickte und lachte, weil ich sehen konnte, dass Gott das Werk schon getan hatte. Ich wusste einfach, dass es vollbracht war, obwohl sich die Ergebnisse noch nicht so manifestierten, dass sie für das natürliche Auge sichtbar waren.

Ich habe gesehen, wie Menschen mit tief eingegrabenen Sorgenfalten nach vorne kamen und sich zum Gebet anstellten und musste freudiges Gelächter unterdrücken, weil der Herr zu mir sagte: „Siehst du diesen Bruder? Siehst du diese Schwester? Ich kümmere mich um sie und werde mächtige Dinge in ihrem Leben bewirken. Der Feind ihrer Seelen ist schon auf dem Weg nach draußen."

Heute ist uns stärker denn je bewusst, dass wir nicht gegen Fleisch und Blut, sondern gegen Fürsten, Mächte und Herrscher der Finsternis kämpfen. Uns sind Festungen über Leben, Familien, Häusern und Gemeinden bewusst. Diese Festungen des „starken Mannes" können durch Fürbitte niedergerissen werden. Wenn wir alles gesagt und getan haben, was wir können, und die Situation unverändert bleibt, lohnt es sich, ein zweites Mal hinzusehen und zu klären, ob der Herr nicht einen stärkeren Ausdruck unseres Glaubens von uns fordert. Ich habe mich selbst zu dieser Glaubensebene emporsteigen und beten hören: „Herr, in diesem Haus ist eine schwierige Situation. Ich binde den starken Mann im Namen Jesu. Ich nehme die Autorität über ihn und nehme den Sieg im Namen Jesu in Anspruch."

Nachdem ich mich selbst so beten gehört hatte, erlebte ich, dass durch die Macht Gottes Wunder geschahen, Umstände verändert und Menschen frei wurden.

Fürbitte voller Glauben, im wahrsten Sinn des Wortes, ist dabei, den Weg zurück in die Gemeinden des Herrn Jesus Christus zu finden, doch sie wird nie kommen, solange wir uns damit zufrieden geben, in einer verurteilenden und kritisierenden Haltung gegenüber allem zu bleiben, was im kirchlichen Leben geschieht. Wie viel Zeit haben wir mit Kritik und Verdammnis verschwendet!

„Oh, ich wünschte, der Herr würde ihr das zeigen"; „Ich wünschte, der Herr würde ihm das vorhalten"; „Ich wünschte, der Herr könnte den hier zum Schweigen bringen"; „Ich wünschte, der Herr würde den hier zum Reden bringen."

Wenn wir sehen, dass etwas nicht in Ordnung ist, liegt unsere eigene Aufgabe nicht darin, Geschichten über Unvollkommenheit zu verbreiten, sondern unseren Mund geschlossen zu halten, außer wenn wir in unserer Gebetskammer sind. Dort können wir sagen: „Herr, ich weiß, dass Du Dich um die und die und um den und den kümmerst. Ich öffne mich Dir als Kanal der Fürbitte. Ich flehe Dich an, in ihrem Leben zu wirken, indem ich sie Dir im Gebet bringe."

Oft werden wir Fürbitte tun, wenn die Person, für die wir so viel beten, sich um ihre Not anscheinend gar keine Gedanken macht. Wir neigen von Natur aus dazu, in einem solchen Fall unsere Selbstsucht zum Ausdruck zu bringen, indem wir aufgebracht herausplatzen: „Nun, wenn er sich so gar keine Gedanken macht, werde ich *meine* Zeit bestimmt nicht mehr damit vergeuden, mich um ihn zu sorgen." Oder: „Ich dachte, sie hätte ein so schreckliches Problem, aber sie betet ja gar nicht mal dafür, warum soll ich es dann tun?"

Betrachten wir Petrus. Es war bestimmt nicht bequem für ihn, angekettet zwischen zwei Soldaten. Er machte das Beste daraus und schlief, während die Gemeinde unablässig für ihn betete. Es ist oft so – derjenige im sichtbaren Dienst wird durch die Gebete derer gestützt, die hinter den Kulissen arbeiten. Stellen Sie keine Bedingungen auf: „Ich werde nur für sie beten, wenn sie auch selbst beten." Beten Sie, wenn der Herr der Beter und der Gebete Ihnen eine Last für jemanden gibt. Unterschiedliche Teile am Leib haben zu unterschiedlichen Zeiten unterschiedliche Aufgaben, und der Herr wird Ihnen zeigen, was Er für Sie heute ausgesucht hat.

Genau wie eine Ehe nicht immer eine ausgeglichene Fünfzig-zu-Fünfzig-Beziehung ist, ändern sich im Leib Christi die Beziehungen. In einer Ehe scheint eine Zeit lang der Ehemann nachzugeben und lässt seine Frau alles nach ihrem Willen tun. Und plötzlich ändert es sich ins Gegenteil. Sie gibt ihm in allem Recht. Eine Zeit lang steht es vielleicht neunzig zu zehn, dann genau anders herum zehn zu neunzig. Fünfzig zu fünfzig gibt es – wenn überhaupt – nur im Durchschnitt. In der Gemeinde verbringen Sie eine Weile Ihre ganze Zeit damit, Fürbitte für andere zu tun; dann stehen Sie an der Front und die ganze Gemeinde geht für Sie in die Fürbitte. Gott hat es so eingerichtet, dass wir in vielen Sachen voneinander abhängig sind. „Traget einer des andern Lasten", sagt Er uns, „und so werdet ihr das Gesetz Christi erfüllen!" (Gal. 6,2).

Die Last echter Fürbitte ist sehr packend. Einmal erfuhr ich zufällig etwas Bestürzendes aus dem Leben einer hoch angesehenen Persönlichkeit im Reich Gottes. Wenn es öffentlich bekannt würde, würde dadurch sein Dienst zerstört. Ich wusste, dass ich nicht zu dem Mann gehen und ihn direkt damit konfrontieren konnte, und ganz sicher hatte ich nicht das Recht, zu jemand anderem zu gehen. Ich ging zum einzigen Ort, der für mich offen war; ich ging zum Herrn.

„Herr, ich weiß nicht, warum du mich das hast erfahren lassen, aber du hast sicher einen guten Grund dafür. Du willst wahrscheinlich, dass ich für ihn Fürbitte tue."

Ich begann mit der Fürbitte und brachte den Namen des Mannes täglich im Gebet vor den Herrn. Als ich das tat, schien es, als sei das Leben dieses Mannes voll in meiner Verantwortung; als läge das, was mit ihm geschah, in meinen Händen; als wäre er ein kleines Baby, das mir anvertraut worden war. Ich betete alles, was ich wusste, in Englisch; dann ließ ich den Heiligen Geist durch mich beten, weil ich wusste, dass ich nicht so beten konnte, wie ich sollte. Als ich mich einige Tage lang für ihn betend abgemüht hatte, hörte ich mich selbst ein unglaubliches Gebet aus der Tiefe meines Herzens beten:

„Allmächtiger Gott, wenn es eine Strafe geben muss, vielleicht sogar die Todesstrafe für den Fehler, den er begangen hat, bitte nimm mein Leben für seines. Ich lege mich gerne hin, Herr. Mein Leben hat weit weniger Einfluss als seines. Strafe mich und nicht ihn, Herr."

Von Natur aus war mir nicht so wichtig, was mit dem Mann geschah. Doch Jesus war es so wichtig, und deshalb hatte Er mir die Bürde der Fürbitte auferlegt. Das Mitleid Christi kam durch ein menschliches Gefäß. Es kam volle vier Monate durch mich für diesen Mann. Jeden Tag, wenn ich betete, seufzte ich für diesen Mann. Nach den vier Monaten wurde mir die Bürde genommen. Später erfuhr ich, dass Gott einen Sieg im Leben dieses Mannes gewirkt hatte, und seitdem fühle ich mich seinem Dienst sehr verbunden.

Er hat keine Ahnung davon, dass ich Teil an Gottes Gnade

für ihn hatte, doch der Herr und ich wissen es. Manchmal, wenn jemand seinen Namen erwähnt, muss ich sagen: „Preis dem Herrn! Wir haben es geschafft!"

Diese Art treuer Fürbitte können wir nur durch und mit dem Heiligen Geist tun. Niemand könnte dies so hingebungsvoll und so lange machen, wenn nicht Gott dabei ist.

Jemand hat mir gesagt: „Das Anliegen ist der Ruf", und drückte damit aus, dass die Anliegen der Menschheit unser persönlicher Ruf sind, für die betroffenen Personen zu beten. Diese Sichtweise möchte ich bestreiten. Wenn ich jedes Anliegen, von dem ich höre, als Gottes Ruf nach unablässiger Fürbitte ansehe, bis dieses Anliegen gestillt ist, käme ich gar nicht zum Atmen. Wenn jedes Anliegen Gottes Ruf an mich wäre, würde ich morgen tot umfallen. Ich kann die Bittbriefe mit Bildern hungernder Waisen nicht öffnen, die mit der Post kommen, weil ich jedes Kind adoptieren will. Mein Herz schlägt für sie.

„Ich nehme dieses und dieses und dieses." Ich bin bei so etwas einfach nicht vernünftig.

Ich bin in jedes Missionsfeld gerufen, das ich in der Zeitung sehe. Ich werde ganz natürlich dorthin gezogen, ohne Ausnahme. Ich müsste mich in tausend Stücke zerteilen, wenn ich zu allen gehen wollte. Deshalb weiß ich, dass das Anliegen nicht der Ruf ist – zumindest nicht mein Ruf.

Wie können wir mit diesen Dingen umgehen? Ich gleiche es aus, indem ich für jedes Anliegen bete, für das ich persönlich um Gebet gebeten werde. Doch ich verspreche nicht, dass ich ewig dafür beten werde; ich verspreche nur, dass ich dann dafür beten werde, wenn mich der Heilige Geist daran erinnert. Manche Dinge bringt Er oft zurück in mein Gedächtnis, und ich tue immer wieder Fürbitte. Bei anderen Sachen denke ich nie wieder daran, wenn das erste Gebet beendet ist. Und ich gebe mich nicht damit ab, den Heiligen Geist zu fragen, warum Er mich nicht jeden Tag daran erinnert, für den einen oder den anderen zu beten. Ich denke, Er ist ein besserer Buchhalter, als ich je sein könnte.

Es gab Zeiten in meinem Leben, in denen ich merkte, dass jemand für mich Fürbitte tat. Einmal, als ich das „Frauen im Dienst"-Syndrom so leid hatte, legte ich meine Aufgaben in der Gemeinde nieder und ging in die freie Wirtschaft. Ich werde jetzt nicht alle schrecklichen Details darlegen, doch in den folgenden acht Monaten ging ich förmlich durch die Hölle. Ich verlor alles – mein Haus, meine Gesundheit, meinen Job, meine Sicherheit und fast meinen Verstand. Am Ende dieser Zeit, als ich darum kämpfte, wieder zu mir selbst zu finden, besuchte ich ein gemeinsames Treffen von „World Map" und dem „Elim Bible Institute". Als ich an der Anmeldung stand, erblickte ich einen Mann, den ich vom Sehen her kannte, er kannte mich jedoch nicht. Er wies mit dem Kopf in meine Richtung und fragte jemanden. Ich las seine Frage quer durch den Raum von den Lippen ab: „Wer ist das?" „Die Schwester von Judson Cornwall", antwortete derjenige. Auch das konnte ich von den Lippen ablesen. Der kleine Mann mit dem großen Schnurrbart und dem Tamburin war Costa Deir. Er kam sofort zu mir herüber und stellte sich vor. Dann sagte er: „Ich kenne Sie nicht, aber ich weiß, dass Sie Judson Cornwalls Schwester sind, und ich könnte Ihnen erzählen, was Sie im letzten Jahr durchlebt haben. Gott brachte mir Ihr Gesicht in den Sinn, als ich in Afrika war, und später noch einmal in Jerusalem. Ich erfuhr förmlich die körperlichen Schmerzen, die Sie erlitten, Schwester. Ich ging durch den geistlichen Kampf, den Sie im letzten Jahr durchlebten, und es war mein Vorrecht, Sie vor den Thron Gottes zu bringen. Ich bin Gott so dankbar, dass Er mich daran teilhaben ließ."

Das ist ein weiteres Beispiel für vom Heiligen Geist inspirierte Fürbitte. Wenn unsere Gebete vom Heiligen Geist inspiriert sind, werden sie von Gott dem Vater gehört und erhört.

Noch ein anderes Beispiel für vom Heiligen Geist inspirierte Fürbitte erlebte ich eines Nachts, als der Herr mir ein seltsames Wort eingab, das ich nie zuvor gehört hatte – „Tanganyika." Das Wort war so stark in mir, dass ich es vor den Herrn brachte.

Es klang für mich wie eine Krankheit, daher betete ich: „Herr, was immer es ist, ich bitte dich um Befreiung dafür, in Jesu Namen.“ Nachdem ich noch eine lange Zeit im Geist gebetet hatte, verschwand der Name aus meinem Bewusstsein, und ich ging schlafen.

Einige Tage später war ich auf einer Versammlung, auf der Vertreter eines Ortes mit Namen Tanganyika aufgerufen wurden, einen Bericht abzugeben. Ihr Bericht handelte von einem politischen Aufruhr, der wenige Tage zuvor das Leben einiger ihrer Leute bedroht hatte. Der Aufruhr geschah zur selben Zeit, in der der Herr mich aufgewühlt hatte, damit ich für den seltsam klingenden Namen betete.

Wenn wir als Königskinder leben, voller Glauben daran, wer wir im Herrn sind, kann uns Gott so sehr vertrauen, dass Er uns regelrecht mitteilt, was Sein eigenes Herz bewegt. Es ist, als würde Er uns darum bitten, dass wir durch Gebet einen legalen Weg öffnen, den Er benutzen kann, um ins Leben und in die Geschehnisse Seines Volkes einzugreifen.

Als die Heiligen für Petrus beteten, handelte Gott auf mächtige Weise:

> *Und siehe, ein Engel des Herrn trat hinzu, und ein Licht erglänzte in dem Gemach. Er weckte aber Petrus durch einen Schlag an die Seite und sprach: Steh eilends auf! Und die Ketten fielen ihm von den Händen. Und der Engel sprach zu ihm: Gürte dich und ziehe deine Schuhe an! Da tat er also. Und er spricht zu ihm: Wirf deinen Mantel um und folge mir! Und er ging hinaus und folgte ihm und wusste nicht, dass es Wirklichkeit war, was so durch den Engel geschah, sondern er meinte, ein Gesicht zu sehen (Apg. 12,7-9).*

Petrus, der große Mann des Glaubens, dachte, seine Augen würden ihn trügen. „Mann, das kann gar nicht wahr sein!“, hätte er vielleicht gesagt, wenn er im zwanzigsten Jahrhundert gelebt hätte. „Ich sehe nicht wirklich einen Engel – es ist nicht tatsächlich ein Engel gekommen und hat mich aufgeweckt. Es ist alles nur Einbildung. Ich habe in letzter Zeit ein bisschen zu hart gearbeitet."

Fast jeder Christ hat die Erfahrung gemacht, dass er immer wieder für etwas gebetet hat, und dann, als es geschah, nicht glauben konnte, dass Gott wirklich gehört und geantwortet hat. „Das kann nicht Gott sein", reden wir uns selbst ein. „Es muss eine natürliche Erklärung dafür geben."

In Vers 10 lesen wir, dass Petrus und der Engel am ersten Wärter vorbeigingen, dann am zweiten.

Wenn wir durch das erste Gefängnistor unseres Lebens gehen, sagen wir wahrscheinlich: „Ja, aber es war nur Zufall – da war überhaupt kein souveränes Eingreifen Gottes." Wenn wir zum zweiten eisernen Tor kommen, das für uns die Befreiung von etwas anderem ist, das uns gebunden hat, betrachten wir womöglich die Stangen, verzagen und beklagen uns: „Das war's. Ich weiß, dass ich es durch die andere Prüfung geschafft habe, *vielleicht* mit ein *bisschen* Hilfe vom Herrn, doch das meiste waren meine eigenen Anstrengungen. Also erwarte ich jetzt auch nicht, dass Gott mich durch diese hier bringt. Es sieht für mich so aus, als wäre es das Ende des Weges. Dieses eiserne Tor ist so hoch und schwer. Es gibt keine Möglichkeit, dass ich es darüber schaffen würde. Es wird weiterhin den Rest meines Lebens unter Verschluss halten."

Da hören wir plötzlich etwas quietschen und sehen, wie das Tor ohne jede Kraftanstrengung unsererseits aufspringt. Dieses Mal wissen wir, dass es Gott sein *muss!*

Sie sagen, dass Sie gar nicht wüssten, wohin Sie gehen sollten, wenn Gott das letzte Tor Ihrer Gefangenschaft öffnen würde? Petrus wusste es auch nicht, doch das war auch gar nicht nötig. Gott hatte einen Engel, der ihm auf seiner nächsten Etappe half.

Nachdem der Engel ihn verlassen hatte, sagte Petrus: „Nun weiß ich wahrhaftig, dass der Herr seinen Engel gesandt und mich aus der Hand des Herodes ... errettet hat“ (Apg. 12,11). Und Petrus war über dieses Wissen so aufgeregt, dass er zunächst nirgendwo hinging. Er stand nur dort auf der Straße und pries Gott: „Gott, ich glaube wirklich, dass du das warst. Danke, dass du auf so wunderbare Weise in mein Leben gekommen bist. Es ist wundervoll, Herr, einfach wundervoll, und ich bin wirklich so dankbar für alles, was du für mich tust.“

Ich kenne Menschen, die vom Herrn befreit wurden und über zwanzig Jahre mitten auf der Straße stehen blieben. Wenn sie eine Möglichkeit zum Zeugnis haben, sagen sie: „Ich danke dem Herrn seit zwanzig Jahren, dass Er mich freigesetzt hat. Er löste die Ketten, die mich gebunden hielten, öffnete das Eisentor weit und ich ging auf dem Weg Gottes.“

Jeder stöhnt: „O nein, nicht schon wieder. Wir haben dieses Zeugnis mindestens tausendmal gehört. Hat sie denn nie etwas Neues zu erzählen?“ Ich möchte den, der Zeugnis gibt, unterbrechen und sagen: „Sie traten also vor zwanzig Jahren auf den Weg des Herrn? Wunderbar! Und was ist seitdem geschehen?“ Ich stelle mir vor, wie sie zugeben müssen: „Nun, eigentlich nichts. Ich stehe immer noch hier auf dem Weg.“

Als Petrus schließlich wieder zu sich kam, ging er zu Marias Haus, der Mutter des Johannes. Dort beteten immer noch viele Menschen, und als Petrus an die Tür klopfte, fragte Rhoda:

„Ja, wer ist es, bitte?“

„Ich bin es, Petrus.“

„Preis dem Herrn!“, rief Rhoda. „Hallo ihr alle, Gott hat unser Gebet erhört!“

Sie war so aufgeregt, dass sie vergaß, die Türe zu öffnen. Manchmal tun wir dasselbe. Wir sind so aufgeregt darüber, dass Gott unsere Gebete erhört, dass wir vergessen, die Türe zu öffnen und die Antworten eintreten zu lassen.

Als Rhoda versuchte, den anderen Betern zu sagen, dass ihre

Gebete erhört worden waren und Petrus draußen stand, hatten sie keine Zeit zuzuhören.

„He, Leute!", sagte sie. „Ich habe wunderbare Neuigkeiten für euch ..."

„Schhht, Rhoda. Siehst du nicht, dass wir beten?"

„Aber ihr versteht nicht. Petrus ist ..."

„Rhoda, ehrlich. Wir müssen uns konzentrieren ..."

„Aber Petrus ist *hier!*"

„Was meinst du damit, ‚Petrus ist hier'? Hör mal zu, meine Liebe, Glaube ist eine Sache, aber du darfst nicht so tun, als sei das Gebet erhört worden, nur weil ..."

„Aber ich habe ihn *gesehen!* Petrus *ist* hier! Er steht draußen vor der Tür!"

„Rhoda, prüf dein Herz. Bist du sicher, dass du die Wahrheit sagst?"

„Hundertprozentig sicher!"

„Leute, Rhoda hat gerade einen Geist gesehen."

Nun, sie blieb hartnäckig dabei, bis jemand, um sich einen Scherz mit ihr zu machen, endlich zuhörte, und tatsächlich *war* da ein Klopfen an der Tür.

Petrus war immer noch da, weil er keinen anderen Ort hatte, an den er gehen konnte. Er wollte unbedingt hinein, daher klopfte er immer weiter. Manche Menschen denken, es geht hier nur um das Klopfen, und sie lassen sich um viel Segen bringen.

„Nun", werden Sie sagen, „ich habe heute schon geklopft. Ich habe wirklich Zeit damit verbracht, den Herrn zu suchen."

„Gut! Hat Er Ihnen Türen geöffnet?"

„Oh, das kann ich nicht sagen. Ich habe mein Klopfen beendet und bin zurück an meine Arbeit gegangen. Ich hatte keine Zeit dafür, herumzuhängen und zu warten, ob mein Klopfen etwas Gutes bewirkt hat oder nicht."

Die Leute, die für Petrus' Freilassung beteten, gingen zur Tür und sahen mit Erstaunen, dass Petrus *da war*, wirklich Petrus, und nicht sein Geist. Sie ließen ihn herein, er erzählte ihnen alles, was geschehen war, gab ihnen Anweisungen, was sie als Nächstes tun sollten, und ging weiter zu seiner nächsten Verpflichtung.

In der Gemeinde zieht die Vollendung einer Sache oft eine Niederlage für die Menschen nach sich, weil sie nicht schnell genug zur nächsten Aufgabe weitergehen, die Gott für sie hat. Ich habe erlebt, wie Gemeinden wunderbar für ein Bauprogramm zusammenwuchsen. Alles geht so wunderbar – Menschen opfern Zeit und Geld dafür; der Fluss der Liebe ist fast greifbar; die Frauen beten um Kraft für die Männer. Es ist ein wunderbarer Dienst im Herrn, und schließlich ist es Zeit für die Einweihung. Alles ist vorbereitet, der Tag leuchtet hell und wunderbar, alles ist herrlich. Doch nach diesem Einweihungsgottesdienst ist der Geist weg, und jeder bekommt Langeweile.

Wo liegt das Problem? Es ist nicht, dass die Leute stolz auf ihr Gebäude wurden, sondern dass sie nicht wussten, wie sie eine Antwort auf Gebet empfangen und dann zur nächsten Sache weitergehen müssen. Sie hatten sich für ihr Ziel angestrengt, anstatt für den Einen, der das Ziel für sie gesteckt und sie befähigt hat, es zu erreichen.

Wir sollen uns nicht selbst als Spezialisten betrachten, als Hausbauer, deren Lebenswerk getan ist, wenn das erste Gebäude steht. Wir müssen wissen, dass Christus uns Glaube für eine ganze Palette von Dingen gegeben hat, die mit Seinem Willen übereinstimmen. Wenn das Gebäude fertig ist, sollten wir den Herrn preisen und uns überlegen, was Er als Nächstes tun wird. Wir sollen kein Sabbatjahr halten oder uns auf eine Handlungsphase beschränken. Wenn wir wirklich im Reich Gottes leben wollen, müssen wir weiter an jede Tür klopfen, die Er für uns öffnen will.

Heute scheint es im Haus Gottes viele Spezialisten zu geben. Ich höre, wie Diener des Herrn zueinander sagen: „Mein Dienst ist Heilung, welchen Dienst haben Sie?“ Oder: „Mein Dienst ist Lehre über die Geistesgaben, was ist Ihr Dienst?“

Ich möchte spezialisierte Dienste nicht schmälern, doch ich habe keinen. Meine Berufung ist eine Berufung an den Herrn

Jesus Christus. Ich glaube, dass der Heilige Geist in mir die *Gabe* ist, und dass jedes Handeln des Geistes durch mich die beste Gabe für die bestimmte Situation ist, mit der ich konfrontiert bin. Er ist treu, mir Glauben für alles zu geben, worin Er will, dass ich Ihm vertraue.

12

Gebet für erfolgreiche Gläubige

Jahrelang wurde uns gesagt, dass wir für Sünder beten sollen. Das ist unbiblisch. Die Bibel sagt uns, dass wir Gott für die Heiden bitten sollen und Er sie uns zum Erbe geben wird. Er sagt nicht, dass wir um Segen für sie beten sollen. Anstatt für Seelen zu beten, sind wir angewiesen, den Herrn der Ernte zu bitten, dass Er Arbeiter in Seine Ernte sende (Matth. 9,28), damit Er Seinen Lohn ernten möge. Da ich nicht weiß, wer zum Herrn finden wird, muss ich jedem Liebe und Freundlichkeit zeigen und vor allen Menschen so wandeln, dass ich ihnen Jesus Christus zeige. Es ist nicht meine Verantwortung, alle Menschen zu gewinnen, sondern es ist meine Verantwortung, erfüllt mit Christus zu sein.

In der Bibel sind sehr wenige Stellen, an denen jemandem geboten wird, für Ungläubige zu beten. Es stimmt, dass Abraham Gott für Sodom bat, doch er bat darum, dass Gott die Stadt um der Gerechten willen verschone, die in ihr lebten, nicht wegen der Ungläubigen der Stadt. Und es stimmt, dass Paulus für das ganze jüdische Volk betete, dass sie alle gerettet würden. Doch das sind in der Bibel Ausnahmen.

Jesus sagte: „Vater, ich bete nicht für die Welt, sondern für die Deinen und Meinen" (Joh. 17,9 umschrieben). In der ganzen Bibel werden wir dazu ermutigt, Seinem Beispiel zu folgen, füreinander zu beten, für Gläubige zu beten, die Hände heiliger Männer und Frauen überall hochzuhalten, füreinander vor Gott zu treten.

Als der Herr meine Aufmerksamkeit darauf lenkte und ich begann, über all das nachzudenken, verstand ich es zunächst nicht.

„Gott, meinst du damit, dass wir uns nicht um Seelen bemühen sollen?"

„Nein, Iverna. Das meine ich nicht. Ihr *sollt* euch um Seelen bemühen. Doch ihr sollt eure Bemühung anders ausdrücken. Wenn die Gemeinde des Herrn Jesus Christus richtig mit Ihm verbunden ist, wenn Er der Herr in jedem Bereich eures Lebens ist, werdet ihr euch nicht darum bemühen müssen, dass die Verlorenen gerettet werden, sie werden durch euren keuschen Wandel (1. Petr. 3,1-2) und durch euer göttlich inspiriertes und mit Liebe erfülltes Leben unter ihnen gewonnen."

Im Allgemeinen haben wir das Gefühl, dass es leichter wäre, für die Verlorenen zu beten, als sie durch unser Beispiel zu gewinnen. Doch Gott sagt, dass es so nicht geht. Der Feind hat versucht, unsere Gebete zu zerstreuen und auf Zwecke zu richten, für die sie nie bestimmt waren, anstatt uns für Glaubensgeschwister beten zu lassen. Doch die Gemeinde beginnt, auf Gottes Plan zu reagieren und erkennt, dass wir füreinander beten müssen, weil Er uns zu einem Grad an geistlicher Reife ruft, den wir nie von selbst erreichen können. Er selbst tut unablässig Fürbitte für uns (Hebr. 7,25).

Wir sind ein krisenorientiertes Volk, und Gott will uns davon freisetzen. Wir beten für Menschen, die Krebs haben, Herzinfarkte, kaputte Ehen, Arbeitslosigkeit. Wenn jemand möchte, dass wir für ihn beten, müssen sie ein Problem haben, damit sie dafür qualifiziert sind. Manchmal haben wir so eifrig für die Heiden und für Menschen in Krisensituationen gebetet, dass wir keine Zeit mehr haben, für Gläubige zu beten. Und doch war es nie zuvor nötiger als heute, dass die Heiligen füreinander beten. Die Männer und Frauen Gottes brauchen unsere Gebete, wenn sie erfolgreich sind, wenn es ihnen materiell gut geht, wenn der Heilige Geist durch ihr Leben wirkt, wenn ihre

Familien funktionieren, wenn sie gesund sind, wenn sie im Geist wandeln.

Paulus erkannte diese Dinge, als er an die Kolosser schrieb. Er hatte eine Gruppe erfolgreicher Christen ausgemacht und betete für sie Tag und Nacht:

> *Paulus, Apostel Jesu Christi durch den Willen Gottes, und der Bruder Timotheus, an die Heiligen in Kolossä und gläubigen Brüder in Christus: Gnade widerfahre euch und Friede von Gott, unsrem Vater, und dem Herrn Jesus Christus. Wir danken dem Gott und Vater unsres Herrn Jesus Christus, sooft wir für euch beten, da wir gehört haben von eurem Glauben an Christus Jesus und von eurer Liebe zu allen Heiligen, um der Hoffnung willen, die euch im Himmel aufbehalten ist, von welcher ihr zuvor gehört habt durch das Wort der Wahrheit des Evangeliums, das bei euch ist, wie auch in aller Welt, und Frucht trägt und wächst, wie auch bei euch, von dem Tage an, da ihr von der Gnade Gottes gehört und sie in Wahrheit erkannt habt; wie ihr [es] ja gelernt habt von Epaphras, unsrem geliebten Mitknecht, welcher ein treuer Diener Christi für euch ist, der uns auch eure Liebe im Geist kundgetan hat. Weshalb wir auch von dem Tage an, da wir es vernommen haben, nicht aufhören, für euch zu beten und zu bitten, dass ihr erfüllt werdet mit der Erkenntnis seines Willens in aller geistlicher Weisheit und Einsicht, damit ihr des Herrn würdig wandelt zu allem Wohlgefallen: in allem guten Werk fruchtbar und in der Erkenntnis Gottes wachsend, mit aller Kraft gestärkt nach der Macht seiner Herrlichkeit zu aller Standhaftigkeit und Geduld, mit Freuden, dankbar dem Vater, der uns tüchtig gemacht hat zum Anteil am Erbe der Heiligen im Licht, welcher uns errettet hat aus der Gewalt der Finsternis und versetzt in das Reich des Sohnes seiner Liebe, in welchem wir die Erlösung haben durch sein*

> *Blut, die Vergebung der Sünden; welcher das Ebenbild des unsichtbaren Gottes ist, der Erstgeborene aller Kreatur. Denn in ihm ist alles erschaffen worden, was im Himmel und was auf Erden ist, das Sichtbare und das Unsichtbare, seien es Throne oder Herrschaften oder Fürstentümer oder Gewalten: alles ist durch ihn und für ihn geschaffen; und er ist vor allem, und alles besteht in ihm. Und er ist das Haupt des Leibes, [nämlich] der Gemeinde, er, der der Anfang ist, der Erstgeborene aus den Toten, damit er in allem der Erste sei. Denn es gefiel [Gott], dass in ihm alle Fülle wohnen sollte und alles durch ihn versöhnt würde zu ihm selbst – dadurch, dass er Frieden machte durch das Blut seines Kreuzes – durch ihn, sowohl was im Himmel, als auch was auf Erden ist (Kol. 1,1-20).*

Als er über das Gebet für die Heiligen schrieb, gebrauchte Paulus das Wort *proseuchomai*, welches „anflehen" und „vor Gott bitten" bedeutet. Außerdem gebrauchte er das griechische Wort *aiteo*, das bedeutet: darum bitten, dass etwas Bestimmtes gegeben wird. Paulus und Timotheus baten darum, dass Gott in den Heiligen *wirken* und ihnen *geben* möge. Paulus wies darauf hin, dass solche Gebete deshalb nötig waren, weil die Heiligen ihren Glauben bekannt gemacht hatten; sie hatten Jesus ihr Leben anvertraut.

Die Gemeinde von heute hat dieselbe Verantwortung gegenüber denjenigen, die sich Jesus hingegeben haben. Wenn junge Menschen, die dem Heiligen Geist ergeben und von Ihm erfüllt sind, am Strand Traktate austeilen und mit Kindern über den Herrn sprechen, wird der Feind einen größeren Angriff auf ihr Leben starten, als wenn sie nur Namenschristen wären und irgendwo eine Kirchenbank wärmten. Wegen der Liebe der Hingegebenen für Gottes Kinder und wegen ihrer Liebe zu Ihm müssen wir beten, dass Gott sie vor allem Schaden schützen wird.

Wenn ich einen Mann oder eine Frau sehe, die von Gott befähigt sind, Seine Wahrheit an andere weiterzugeben, beginne ich für denjenigen oder diejenige zu beten, weil ich weiß, dass der Feind versuchen wird, diese Person zu entmutigen und niederzudrücken.

Leider komme ich auch in solche Gemeinden, in denen ich mich nicht geführt fühle, danach für sie zu beten. Der Teufel wird durch den lauwarmen Glauben, der dort gelebt wird, überhaupt nicht herausgefordert. In anderen Gemeinden finde ich eine so hohe Ebene von Lobpreis und Dienst für den Herrn, dass mein Geist ausruft: „Herr, halte diesen Pastor fest. Sei mit jedem Mitglied der Verwaltung, jedem Ältesten, jedem Mitarbeiter, jedem Lehrer, jedem Leiter, jedem Platzanweiser, jedem im Begrüßungsteam, jedem Chormitglied ..." Ich bete für jeden, weil ich weiß, dass diese Gemeinde eine Bedrohung für den Feind darstellt.

Paulus sagte: „Hört mal, Jungs, wir haben von eurem Leben mit Gott gehört. Wir haben davon gehört, dass ihr euch von denen abgekehrt habt, die nur in irdisches Wissen eintauchen. Wir haben gehört, dass ihr euch von ihnen abgekehrt und große Liebe füreinander habt. Wir haben gehört, dass Christus in eurem Leben sichtbar ist, und deshalb beten Timotheus und ich jetzt für euch."

In diesem Bibelabschnitt betet Paulus dafür, dass alle Heiligen eine Kenntnis von Gottes Willen in aller Weisheit und geistlichem Verstehen haben mögen (V. 9): Er spricht über eine Kenntnis, die über die übliche Kenntnis einer Sache hinausgeht; eine Kenntnis jenseits des natürlichen menschlichen Verstehens; eine Kenntnis, die alles übertrifft, was man in einem Buch lesen oder vom Hören auf einen Gottesdiener lernen könnte; eine übernatürliche Kenntnis, von Gott geschenkt, um sie unablässig zu führen. Es gibt in der Welt zu viele Fürstentümer der Dunkelheit und finstere Mächte, als dass wir mit der Kenntnis, die wir üblicherweise haben, durchkommen könnten.

Indem er Gott um Weisheit für sie bittet, bittet er darum,

dass der Sinn Christi ihren Sinn mit Seinem eigenen durchflutet. Wir hören viel von New Age, das Satans Imitation dessen ist, was Gott für Sein Volk möchte. Unser Gebet für die Heiligen sollte sein: „Herr, lass die ganze geistliche Kapazität meines Bruders oder meiner Schwester so gesättigt von Dir sein, dass sie über die Absichten Gottes nachdenken können. Lass sie ruhig und ihren Sinn durchdrungen von Deiner Botschaft sein, Herr."

Wir hatten immer alle intellektuellen Antworten auf die Fragen der Menschheit aufgeschrieben. Wir trugen die Antwortlisten in unseren Bibeln herum. Heute können wir das nicht mehr, weil die Leute Fragen stellen, an die noch keiner gedacht hat, zum Beispiel: „Hör mal, wenn Gott Gott ist, warum passiert dann das und das?" Sie können den ganzen Tag suchen und finden die Antwort doch nicht in den geistlichen Gesetzen. Deshalb brauchen wir die übernatürliche Kenntnis und Weisheit Gottes. Wenn wir sie haben, können wir unseren Mund öffnen, die Kenntnis wird herausströmen und den klügsten Intellektuellen verwirren.

Jedes Mal, wenn mir jemand eine Frage stellt, bete ich: „Herr, gib mir deine Weisheit." Es ist uns garantiert, dass uns Seine Weisheit überreichlich zur Verfügung steht, wenn wir darum bitten (Jak. 1,5).

Nach Jesaja 11,2 ruhte auf Jesus der Geist des Rates, der Geist der Weisheit und des Verstandes, der Kraft, der Erkenntnis und der Furcht des Herrn. Diese Dinge stehen auch uns zur Verfügung. Wir brauchen uns in unserem Leben nicht durch unsere eigenen natürlichen Fähigkeiten begrenzen zu lassen. Wenn Gott uns in einen Dienst stellt, gibt Er uns alles, was wir zu seiner Durchführung brauchen.

Ich hatte eine Freundin, die sich dieser Prinzipien nicht bewusst war. Sie hatte jahrelang als Lehrerin in einer Bibelschule für Frauen gearbeitet, sich aber in ihrer Eigenschaft als Lehrerin nie sehr gesalbt gefühlt. Sie fühlte sich eher langweilig.

Nachdem sie mit dem Heiligen Geist erfüllt wurde, lud ich sie ein, in einem Gottesdienst zu sprechen.

„Das könnte ich nie!“, protestierte sie.

„Ich nenne dir jetzt ein Prinzip“, sagte ich ihr. „Wenn Gott dich zum Dienen ruft und dich in eine verantwortliche Position stellt, rüstet Er dich immer für den Job aus, in den Er dich gerufen hat.“ Als sie kam, um zu predigen, legten wir ihr die Hände auf und erinnerten sie daran, dass die Macht Gottes durch sie dienen würde.

Es geschah, einfach so. Sie gab dem Wort Leben, als sie an diesem Tag sprach. (Und niemand fand sie langweilig.)

Wir sollen auch beten, dass die Heiligen eine geistliche Erkenntnis (*sunesis*=Einblick) bekommen, damit sie unterscheiden können, was gut und was böse ist. Eine solche Unterscheidung war nie so wichtig wie heute. Falsche Lehre kann so geschickt verpackt sein, dass sogar die Auserwählten dadurch getäuscht werden können. Wir brauchen Erkenntnis, damit wir die Dinge richtig einordnen. Stellen Sie sich vor, ein großer Mann Gottes steht vor Ihnen und lehrt etwas, das nicht zu Gottes Wort passt. Sollen Sie seine Lehre annehmen, nur weil Sie glauben, dass der Mann im Grunde in Ordnung ist? Nein, genau deshalb brauchen wir die Gabe der Unterscheidung, damit wir nicht von Persönlichkeiten in die Irre geführt werden. Der Heilige Geist möchte nicht, dass wir uns davor fürchten, von falschen Doktrinen verführt zu werden, er möchte nicht, dass wir unsere Hände ringen und jammern: „Ich weiß gar nicht mehr, *wem* ich trauen kann.“ Er möchte, dass wir die uns von Gott gegebene Gabe der Unterscheidung gebrauchen und alles mit dem Wort Gottes und dem Zeugnis des Heiligen Geistes in uns prüfen. So brauchen wir uns nicht auf die Integrität des Lehrers oder den guten Ruf einer bestimmten Zeitschrift oder eines Verlages zu verlassen. Wir können selbst urteilen – dieser Teil stimmt und dieser Teil ist falsch – und Gott dafür danken.

Paulus betete, dass die Kolosser Gottes Willen erkennen mögen, damit sie würdig vor Gott wandelten. Wandeln *(peripateo)* bedeutet, uns ordentlich zu benehmen. Wir alle müssen das lernen.

Im Hohenlied des Salomo sucht das Mädchen, das für die Gemeinde steht, ihren Geliebten. Sie trifft eine Gruppe von Töchtern Jerusalems – Menschen in der Gemeinde, die jedoch keine enge Beziehung zum Herrn der Gemeinde haben, und die sie fragen: „Was ist los? Worüber regst du dich so auf? Warum rennst du vor und zurück und hin und her?"

„Ich muss meinen Geliebten finden", sagt sie ihnen.

Sie scheinen nicht zu verstehen.

„Was ist an deinem Geliebten, was andere nicht haben?", fragen sie sie. „Was ist so toll an ihm?"

Die Fragenden sind wie jene Gläubigen, die keine Vorstellung davon haben, was es heißt, Jesus zu lieben. Sie kennen Ihn als Retter. Sie wissen vielleicht sogar, dass Er sie liebt, doch sie wissen nicht, dass sie Ihn lieben können.

Das Mädchen versucht den Fragerinnen auf der Verstandesebene zu antworten, indem sie seine Eigenschaften beschreibt, doch sie können sie nicht verstehen; denn die, die nicht lieben, können die Sprache der Liebe nicht verstehen. Genauso versteht auch die Gemeinde heute nicht, was es heißt, Jesus zu lieben. Deshalb ist es für sie so leicht, gar nicht zu versuchen, Ihm zu gefallen, und Dinge zu tun, die Ihn verletzen. Paulus predigte, dass dies im Leben der Heiligen nicht der Fall sein möge, sondern dass ihre Hingabe an Ihn, ihre Liebe zu Ihm, zeigen möge, wie sie vor Ihm wandeln.

Wenn wir beten, dass die erfolgreichen Gläubigen des Herrn würdig wandeln mögen, sagen wir: „Kommt höher. Werft dieses Unvollkommene aus euren Leben hinaus. Kommt in die Fülle und Erfüllung, die Jesus für euch hat. Tut nichts mehr, was Gott nicht gefällt. Ihr wollt nicht so wandeln. Wandelt würdig vor Ihm, wenn ihr jedes Mal Licht weitergeben wollt, wenn ihr sprecht; wenn ihr die Macht des Heiligen Geistes in eurem Leben und die Salbung Gottes auf euch haben wollt."

Jesus erzählte eine Geschichte über ein paar Männer, denen bestimmte Talente gegeben waren. Einer versteckte sein Talent im Sand. Er sagte im Grunde: „Bete für mich, dass ich mich festhalte, Bruder. Bete, dass ich alles bewahren kann, was Gott mir anvertraut hat."

Ich werde das nie für jemanden beten. Stattdessen werde ich beten: „Herr, lass alles, was du diesem Mann gegeben hast, aus ihm herausfließen, um dein Volk zu segnen." Ich weiß, je mehr er gibt, desto mehr wird er von Gott empfangen.

Wir wissen, dass Gottes Wille nicht schwierig ist, doch darin zu wandeln kann das Schwerste sein, was wir je versucht haben. Manchmal ist es nur eine Sache von wenigen Momenten, den Willen Gottes herauszufinden. „Danke, Jesus, dass du mir Kenntnis deines Willens gegeben hast", sagen wir, zufrieden darüber, dass wir wissen, welchen Weg wir gehen sollen. Doch anstatt ihn zu gehen, bleiben wir plötzlich stehen und fragen: „Bitte, Herr, würdest du es durch den Mund zweier oder dreier Zeugen bestätigen?"

Das ist für Ihn kein Problem, also tut Er es. Doch wir sind immer noch nicht zufrieden. Wir sind immer noch nicht zum Gehorsam bereit. Welchen Schaden unser Ungehorsam dem Leib Christi zufügt!

Bei meinen Reisen durch die USA höre ich oft Geschichten, die etwa so beginnen:

„Nun, ich glaubte immer, dass Jesus Menschen in eine neue Schöpfung verwandelt und dass der Heilige Geist kommt, um uns von einer Herrlichkeit zur nächsten zu bringen, doch wir hatten einen Pastor in unserer Gemeinde, der ..." Dann erzählen sie von irgendwelchen Geldunterschlagungen, von unmoralischem Verhalten oder von etwas anderem, was nicht dem Standard entsprach, zu dem uns Gott berufen hat. Immer wieder höre ich, wie schlechtes Benehmen eines Dieners Gottes das Mittel des Feindes war, viele vom Glauben wegzubringen, zu dem Gott sie berufen hatte. Wie stark das Werk Gottes behindert wird, wenn wir nicht unserer Berufung würdig wandeln!

Wir müssen beständig füreinander beten, dass wir es schaffen, unser Leben zu disziplinieren, dass wir in den Augen der Gläubigen und der Welt recht leben, recht tun, recht denken, recht fühlen, recht aussehen und recht sind. Ich muss Ihren keuschen Lebenswandel sehen; Sie müssen mein Leben in Übereinstimmung mit dem sehen, was aus meinem Mund herauskommt, wenn ich auf der Kanzel stehe. Wenn wir rechtes Leben bei jemand anderem sehen, weckt dies in uns Glauben: „Wenn sie danach leben kann, kann ich es auch. Wenn er danach leben kann, kann ich es auch."

Gott gebraucht Sein Volk, damit wir einander erbauen, einander ermutigen. Wir fordern einander regelrecht zu Liebe und guten Werken heraus (Hebr. 10,24). „Herausfordern" bedeutet, aufwühlen oder aufrühren, und Gott sagt, wir sollen genau das tun. Wir sollen so gut sein, dass andere Menschen sich schämen, nicht den Standard zu haben, den sie in unserem Leben sehen.

Wir müssen beten: „Herr, lehre deine Diener, die bloße Erscheinung des Bösen zu vertreiben. Lehre sie, aufrichtig vor dir zu wandeln. Und lass nicht zu, dass sie durch ihr rechtes Leben in die Sünde des Stolzes verfallen."

Als Nächstes müssen wir beten, dass die Heiligen reine Herzen haben, dass die Frucht von Liebe, Freude, Frieden, Fröhlichkeit, Ausdauer, Freundlichkeit, Sanftmut, Besonnenheit und Glaube in ihrem Leben offenbart wird. Dies sind alles Nebenprodukte der Gegenwart des Herrn. Christus in uns, durch Seinen Geist, weckt diese Eigenschaften, die dem natürlichen Menschen in seiner fleischlichen Natur fremd sind, die aber nicht Gott fremd sind, der den Menschen schuf.

Die meisten von uns würden lieber die Frucht untersuchen, anstatt zu beten, dass die Frucht im Leben anderer offenbar wird. Wir gehen herum, prüfen Menschen und murmeln: „Ich sehe mangelnde Ernsthaftigkeit bei ihm. Ich kann feststellen, dass in ihr kein echter Fluss der Liebe ist." Paulus wusste, wenn zwei sich eins machen und im Namen Jesu bitten, können sie haben, worum sie bitten. Das bedeutet, wenn wir wirklich beten, dass sich die Frucht des Geistes im Leben unserer Mitchristen zeigt, wird es geschehen.

Wenn wir beginnen, so füreinander zu beten, wird sich Kritik verflüchtigen. Wenn wir beginnen, für jemanden zu beten, den wir zunächst kritisieren wollen, werden wir sehen, wie eine Veränderung in seinem und in unserem Leben eintritt.

Dann sagt Paulus, dass er darum betet, dass bei den Heiligen die Erkenntnis Gottes wächst (V. 10). Je größer unser Gott ist, desto mehr können wir Ihn fragen. Unser Gott verändert sich natürlich nicht, doch unsere Vorstellungen von Ihm ändern sich. Wenn ich bete und sage: „O Herr", erinnert Er mich manchmal an Bereiche in meinem Leben, an denen ich mich noch festklammere; Bereiche, in denen ich Ihn nicht Herr *sein* ließ.

„Du klammerst dich immer noch daran fest, Iverna", könnte Er sagen. Und wenn ich diesen Bereich aufgebe, und dann einen anderen, kann ich um mehr Segen bitten und ihn auch empfangen. Allmählich lerne ich, an einen großen allmächtigen Gott zu glauben, der mehr als alles, worum ich jemals bitten könnte, tun kann.

Wir könnten etwa wie folgt beten, dass die Gläubigen nicht stehen bleiben, sondern wachsen: „O Gott, lass diesen Pastor oder diesen Laien eine größere Vorstellung davon bekommen, wer du bist. Lass ihn dich größer als je zuvor erkennen. Lass die Vorurteile zerfallen, die Mauern aufgebaut und stehende Gewässer erzeugt haben. Lass den Weg des Herrn voll und rein und süß werden."

Wir sollen auch beten, dass die Gläubigen mit aller Kraft gestärkt werden nach Seiner herrlichen Macht zu Ausdauer und Geduld mit Freuden (V. 11). Wenn wir so beten, bitten wir, dass sie mit der Macht Gottes ausgerüstet werden.

Stärke ist die Macht, die eine Person in sich hat, um eine Aufgabe zu erfüllen, es ist die äußere Darstellung von Fähigkeit. „Seine herrliche Macht" ist *kratos*, eine offen manifestierte Macht.

Wenn wir „mit aller Kraft gestärkt nach der Macht seiner Herrlichkeit“ sind, werden zwei Dinge in uns entstehen – Geduld gegenüber Dingen und Ausdauer, die Geduld gegenüber Menschen ist. Ein Ausleger hat Ausdauer beschrieben als „ein langes Ausharren des Verstandes, bevor er handelt oder leidenschaftlich wird.“ Wir brauchen für *alle* Situationen, in denen wir uns befinden, Gottes Kraft.

Nehmen Sie einmal das Beispiel eines wohlhabenden Juweliers. Er zog sich nie wie ein erfolgreicher Geschäftsmann an; seine Kleider waren im Grunde ziemlich schäbig. Eines Tages hatte er in Los Angeles eine Autopanne. Während der Reparatur machte er einen Schaufensterbummel. Als er vor einem Autogeschäft stand, erblickte er durch das Fenster einen nagelneuen Lincoln Continental mit allen Extras. Ein Verkäufer kam herausgerannt, bereit, den Wagen anzupreisen, doch er blieb abrupt stehen, als er merkte, wie der Mann aussah.

„O Mann!“, sagte er sich, als er schnell zurück in das klimatisierte Innere des Ausstellungsraumes ging. „Der Kerl könnte sich nicht mal ein Motorrad leisten, geschweige denn einen Continental. Warum sollte ich meine Zeit mit ihm verschwenden?“

Der Juwelier jedoch sah sich den Wagen weiter an und marschierte in den Ausstellungsraum, um ihn sich näher zu betrachten. Er öffnete die Autotür, befühlte die Polster, las alle Informationen am Plakat im Fenster, blickte sogar unter die Motorhaube, während der Verkäufer in einer Ecke stand, Witze riss und sich fragte, wann der Mann mit seiner unangenehmen Erscheinung endlich diesen strahlenden Ausstellungsraum verlassen würde.

In der Zwischenzeit kam ein junger Verkäufer, der erst seit kurzem in diesem Autogeschäft arbeitete, aus der Mittagspause zurück.

„Kann ich Ihnen helfen?“, fragte er den Juwelier und achtete nicht auf dessen schäbiges Äußeres. Der Juwelier stellte ihm viele sachliche Fragen über den Vergaser, erhielt höfliche und sachliche Antworten und schrieb sofort den Scheck über den vollen Kaufpreis aus. Der andere Verkäufer bekam fast einen Schock.

Der Juwelier fühlte sich durch die Behandlung nicht bedroht, weil er wusste, wer er war. Er hatte Macht – die Autorität dort zu sein wo er war – und durch sein Bankkonto hatte er die Möglichkeit, das zu kaufen, was er wollte. Anscheinend hatte er irgendwie auch noch die Eigenschaft der Ausdauer. Möglicherweise hat der erste Verkäufer an diesem Tag auch etwas darüber gelernt, dass man Menschen nicht nach ihrem Äußeren beurteilen sollte.

Gott möchte, dass Seine Gemeinde die Ausdauer und Geduld hat, die daher kommen, dass wir wissen, wer wir in Ihm sind. Er möchte, dass wir durch das Leben gehen und wissen: Was auch immer geschieht, der Gott in uns ist mehr als fähig, die Sache durchzuführen. Wir können zuversichtlich und furchtlos in jede Situation gehen, wenn wir aufrecht in Ihm wandeln.

Paulus sagt, dass unsere Geduld und Ausdauer mit Freude gepaart sein soll (V. 11). Freude wird für das Zeichen christlicher Reife gehalten. Das in diesem Abschnitt gebrauchte Wort für Freude ist *chara* und bedeutet eine ruhige Fröhlichkeit angesichts aller Umstände, die uns begegnen. Sie ist die Folge dessen, dass wir wissen, wem wir glauben, und dass wir davon überzeugt sind, dass Er dieses Leben, das wir Ihm anvertrauen, bewahren kann (2. Tim. 1,12).

Werden widrige Umstände kommen? Garantiert. Doch wir werden die Geduld haben, sie mit Freude anzugehen. Wird Druck von Menschen kommen? Garantiert. Doch die Ausdauer, welche die Frucht des Geistes ist, wird uns befähigen, „menschlichem Druck" zu widerstehen, ohne den Kopf zu verlieren, weil wir *wissen*, dass uns durch Ihn alle Dinge zum Besten dienen (Röm. 8,28).

Und schließlich betet Paulus, dass die Heiligen mit Dankbarkeit erfüllt werden, „dankbar dem Vater, der uns tüchtig gemacht hat zum Anteil am Erbe der Heiligen im Licht" (V. 12).

Gott der Vater hat uns durch Jesus Christus, den Sohn, dazu fähig und bereit gemacht, Erben aller Dinge zu sein, die den Heiligen versprochen sind. Und wir sollen Ihm danken und beten, dass unsere Glaubensgeschwister Ihm auch danken, weil ein von Dank erfülltes Leben Stolz verhindert. Stolz führt zu Zerstörung, und Mangel an Demut verursacht Stürze.

Vor einigen Jahren schaffte ich es mit Müh und Not zu überleben, ich stand hilflos einem aus der Luft gegriffenen Gerücht über mich gegenüber, einem Gerücht, das ich nicht widerlegen konnte. Ich fühlte mich wegen der Lüge, die verbreitet wurde, wie ausgepeitscht, geschlagen und besiegt. Eines Abends kam in der Gemeinde ein Prediger aus dem Ausland zu mir und sagte: „Iverna, ich habe ein Wort von Gott für dich."

Ich hörte begierig zu, weil ich Seinen Wandel mit dem Herrn respektierte und wirklich ein Wort der Ermutigung nötig hatte. Doch das war es ganz und gar nicht.

„Gott möchte an deinem Hochmut und Stolz arbeiten", sagte er mir.

„An meinem Hochmut und Stolz?", platzte es aus mir heraus; ich dachte, ich hätte mich verhört. „Ich habe gerade noch genug Elan zum Überleben. In mir ist bestimmt kein Funken Stolz mehr."

Ich rief meinen Bruder Judson und bat ihn, sich das „Wort vom Herrn" dieses Mannes anzuhören.

„Bitte sagen Sie meinem Bruder, was Sie mir gerade gesagt haben", bat ich den Prediger, der zu Besuch war. Er wiederholte seine Botschaft, und Judson stand kopfschüttelnd da.

„Ich vertraue Ihrem Wandel mit Gott", sagte Judson zu ihm, „doch ich denke, dass Sie dieses Mal etwas durcheinandergebracht haben. Ich kenne meine Schwester gut, und was ich jetzt in ihrem Leben sehe, ist ganz bestimmt kein Stolz. Dieses Mädchen hat …" Er zählte alle guten Dinge über mich auf, um mich zu erbauen. Ich stand da, sog es in mich auf und dachte: „Judson hat Recht. All diese guten Dinge über mich stimmen. Sehen Sie? Ich bin überhaupt nicht stolz."

Als ich an diesem Abend nach Hause kam, hatte ich ein völlig reines Gewissen und das Gefühl, durch und durch bestätigt worden zu sein. Dennoch betete ich, ich denke, es war ein ziemlich „heiliges" Gebet. „Herr, wenn das von dir war, bitte ich dich, dass du es mir offenbarst." Ich war mir ganz sicher, dass Gott mir ein so reines Gesundheitszeugnis ausstellen würde wie Judson.

Aber oh weh! In den nächsten Tagen erkannte ich einen solch schrecklichen Stolz in mir, dass ich es nicht glauben wollte. Gott offenbarte weit mehr, als ich überhaupt sehen oder mich darum kümmern wollte. Außerdem zeigte Er mir, dass mein Stolz genau in der Situation wurzelte, durch die ich geglaubt hatte, ihn auszutreiben. Ich war stolz darauf, Opfer einer falschen Anschuldigung gewesen zu sein. Ich lief mit der hochmütigen Einstellung herum, dass ich eben besser war als die Durchschnittsmenschen, gerade *weil* ich durch eine Prüfung gegangen war.

Stolz ist etwas so Subtiles. Dem Vater zu danken und füreinander zu beten sind zwei der hilfreichsten Schutzmöglichkeiten davor.

Wenn wir in einem Mitchristen Stolz sehen, sollten wir nicht beten: „Herr, befreie X von diesem närrischen Stolz", sondern: „Herr, lass X dankbar Dir gegenüber werden. Öffne seine Augen, damit er erkennt, dass er alles, was er hat, in Dir hat. Erinnere ihn daran, dass Du ihn aus dem schmutzigen Staub gehoben und seine Füße auf den festen Fels Jesus gestellt hast. Erinnere ihn daran, dass Du über seinem Leben ohne sein eigenes Zutun Deine ganze Gnade und Barmherzigkeit ausgeschüttet hast. O Gott, lass ihn Dir täglich danken."

Wenn wir mit Paulus beten, dass Gott die Gemeinde in göttliche Ordnung mit Ihm und in die richtige Beziehung zueinander bringt, brauchen wir uns nicht darüber zu sorgen, dass Sünder in ein neues Leben mit Gott wiedergeboren werden. Gott kennt bereits die Namen derer, die Er rufen wird. Er hat sie alle niedergeschrieben. Und wenn die Gemeinde einen so hohen Grad an geistlicher Reife erreicht hat, dass sie voller Weisheit neugeborene Babys in Christus aufziehen kann, werden uns so viele Baby-Christen zuströmen, wie wir es uns in unseren kühnsten Träumen nicht vorstellen konnten.

Wenn wir darüber nachdenken, wie nötig es ist, dass verlorene Seelen gerettet werden, müssen wir weiter beten: „Herr, wirke in mir, um ihnen Jesus Christus zu zeigen." Und genau wie Er es verprochen hat, wird Er uns die Heiden zu unserem Erbe geben.

Macht Gebet zu einem Teil eures Lebens, und ich werde einen Segen über euch ausschütten und mächtige Werke und Wunder tun, wie ihr sie noch nie gesehen habt. Meine Wege sind höher als eure Wege. Meine Gedanken sind höher als eure Gedanken. Vertraut mir, glaubt mir und seht, was ich tun werde.

Ich warte sehnsuchtsvoll darauf, dass ihr euch mit eurem ganzen Herzen zu mir wendet.

Glaubt, und macht meine Macht in eurem Leben zu einer Realität. Lasst den Brunnen, den ich in euch gelegt habe, hervorsprudeln und lasst Ströme lebendigen Wassers aus eurem Innern kommen. Lasst die Kraft des Heiligen Geistes aus eurem Leben strömen, damit den Menschen mein Leben weitergegeben wird.

Robert Stearns

Bereitet den Weg

ISBN 3-9807415-0-8 · Paperback · 260 Seiten · € 12,80

Machen Sie sich bereit!
Gott möchte Sie gebrauchen!

BEREITET DEN WEG ist eine Orientierungshilfe für Gottes Pläne mit der Gemeinde. Gott ruft Sie! Werden Sie sich mit Seinen Plänen und Absichten für das neue Jahrtausend identifizieren? Dieses Buch will Sie mit ausrüsten, damit Sie auf die umwälzenden Veränderungen vorbereitet sind, die Gott auch in Ihrem Leben in Gang setzen will – und durch die dann das Leben vieler anderer Menschen verwandelt werden kann. Die zwölf Meilensteine, die in diesem Buch beschrieben sind, werden in der nahen Zukunft von ausschlaggebender Bedeutung für die Gemeinde sein. Daher ist dieses Buch ein wichtiger Beitrag für jeden, der aktiv an Gottes zukünftigem Wirken beteiligt sein und die geistlichen Trends verstehen will, die unser Leben beeinflussen. Jedes Kapitel enthält zur Ergänzung der inspirierenden Botschaft zusammenfassende Kernsätze, Fragen zur vertiefenden Diskussion und praktische Vorschläge zur Umsetzung.

THE RIVER I – The King is in the Land
Der König ist im Land – Live Worship

Die erste Veröffentlichung der River-Serie fängt in passender Weise mit einem spontanen Lied an: „Es geht nur um dich, Jesus." Richten Sie Ihren Blick auf den Messias und lassen Sie sich von der Musik tiefer in die Anbetung und Liebe Gottes ziehen.

THE RIVER II – Undiscovered Country
Unentdecktes Land – Live Worship

Unentdecktes Land malt ein wunderschönes Porträt von Gottes zärtlicher Liebe. Die zweite Veröffentlichung der River-Serie hält herrliche, spontane Lieder und ausgedehnte Anbetungszeiten fest. Machen Sie sich bereit und empfangen Sie alles, was Gott für Sie hat, während Sie der Musik aus Gottes Herzen zuhören.

THE RIVER III – Lament for the Poor
Klage für die Armen – Live Worship

Diese CD fängt intensive Momente der Fürbitte und der prophetischen Anbetung von einer River-Konferenz ein. Lassen Sie sich durch Lieder wie „Holy unto You", „Exalt the Lord" und „The Spirit and the Bride say come" ermutigen und näher zum Thronsaal des Vaters ziehen.

THE RIVER IV – Prepare the Way
Bereitet den Weg – Live Worship

Vom Titelsong bis zu jedem einzelnen prophetischen Gesang dient diese CD als Wächterruf für die Gemeinde, damit sie wachsam auf die baldigen starken Veränderungen zugehen kann. Zugleich lockt sie den Zuhörer mit Liedern wie „Show me your face" und „Let your glory be known" zum Herzen Jesu und in eine tiefere Intimität, die er uns anbietet.

EARNESTLY WAITING
Ernsthaftes Warten – Studioaufnahme

Jeder, der ein Verlangen nach tieferer Anbetung und Fürbitte hat, wird reich gesegnet sein. Lieder wie „Peace that goes beyond", „Mount Moriah", „Watch the Lamb" und „I saw Jesus" stellen den perfekten Hintergrund für Ihre persönliche Zeit mit Gott dar.

PURE HEART – Reines Herz

Die Reinheit und Leidenschaft dieser Anbetungs-CD wird Ihren Geist tief bewegen und erfrischen. Mit Liedern wie „Deliverer" und „Secret Place" werden Sie an den Ort tiefer Anbetung und Meditation kommen. Robert Stearns' erste Studioaufnahme ist nur als CD erhältlich.

Die CD's kosten jeweils € 15,50

Zu beziehen bei: Teamwork 17.12 · Industriestraße 10 · 61191 Rosbach-Rodheim

Iverna Tompkins

Abhängig von Gnade

ISBN 3-9807415-1-6
Paperback · 100 Seiten · € 7,80

Lernen von und mit den Klageliedern!

Iverna Tompkins führt uns in diesem Buch schrittweise und nahezu Vers für Vers durch die Klagelieder. Sie vermittelt ein tiefes Verständnis von der Gerechtigkeit und dem Eifer Gottes und weist auf die persönliche, notwendige Betroffenheit hin. Menschliche Beweg- und Abgründe werden nicht länger beschönigt und verdrängt, sondern ins Licht der Gnade gestellt und damit einer Buße zugeführt, die läutert und reinigt.
Dem Leser wird gezeigt, wie er durch Gottes Gnade überwinden und zu wahrer Freude und einem erfüllten Leben durchdringen kann.

Von Iverna Tompkins
sind die folgenden Titel bereits in deutsch erschienen:

Der Weg zum erfüllten Leben

ISBN 3-928491-00-8 · Paperback · 107 Seiten · € 6,50

Wir suchen alle eine neue Lebensqualität. Jesus spricht in der Bergpredigt diese natürliche Sehnsucht jedes Menschen an und gibt uns ganz überraschende Anweisungen. Iverna Tompkins bringt uns aus ihrer reichen Erfahrung als Gemeindepastorin diesen verborgenen Schatz näher. Viele Jahre predigte sie über die Seligpreisungen Jesu und erlebte, wie sich das Leben der Zuhörer in geradezu wunderbarer Weise veränderte. Lassen auch Sie sich von den Seligpreisungen Jesu beschenken und verändern.

Das Heilige und das Unheilige

ISBN 3-928491-02-4 · Paperback · 56 Seiten · € 3,50

Gott spricht in seinem Wort: Ich bin heilig, und ihr sollt auch heilig sein. Viele möchten heute Gott näher kommen und entdecken dabei, dass Gottes Gedanken höher sind als unsere Gedenken. Was nennt Gott heilig, und was nennt er unheilig? Sie werden erstaunt sein. Für alle, die Gott besser kennen lernen wollen.